두근두근 신입생을 위한 대학생활 로드맵

대학생활 멘토링

두근두근 신입생을 위한 대학생활 로드맵

대학생활 멘토링

김지현 지음

사곰

'역경'을 뒤집으면 '경력'이 됩니다

한양대학교 교육공학과 교수
유영만

청춘이라는 말만 들어도 꿈과 낭만이 떠오르고, 지칠 줄 모르는 열정으로 무장한 채 미지의 세계로 과감한 도전을 감행하는 모습이 상상되던 시절이 있었습니다. 한때는 청춘들의 아픔을 위로해주면서 "괜찮아, 혼자만 아픈 게 아니라 다 그런 거야" 하고 지친 청춘들을 어루만져준 적이 있습니다. 그러나 지금은 도전해본들 되는 게 없으며 최선을 다한들 최악의 상황만 남는 진한 패배의식과 자괴감이 대학 캠퍼스에 번져 있습니다. 열심히 하면 성공할 수 있다는 가능성과 희망이 있었는데 지금은 그런 가망조차 보이지 않는다는 절망감이 청춘들의 미래를 더욱 어둡게 만들고 있습니다.

돌이켜보면 삶은 언제나 위기였고, 희망은 언제나 절망 속에서 힘겹게 자라왔습니다. 저는 대학에 몸담고 있는 교수이지만 관념적 지식인의 굴레를 벗어나 학생들에게 체험적 깨달음을 주기 위해 사하라 사막 마라톤, 안나푸르나 베이스캠프 등반, 그리고 킬리만자로 등정에 도전한 적이 있습니다. 도전은 도전하기 이전과 이후 사이의 달라진

> 꿈은 책상머리에 앉아 잔머리 굴리면서 꾸는 게 아닙니다.
> 진정한 꿈은 온몸을 던져 이리저리 시도해보면서
> 새로운 가능성을 찾아 나서는 가운데 꾸는 것입니다.

나를 만나는, 소중한 자기 변신의 과정입니다. 삶이 힘들고 견디기 어려울 때일수록 책상에 앉아서 고민한다고 답이 나오지 않습니다. 꿈은 책상머리에 앉아 잔머리 굴리면서 꾸는 게 아닙니다. 진정한 꿈은 온몸을 던져 이리저리 시도해보면서 새로운 가능성을 찾아 나서는 가운데 꾸는 겁니다.

어느 날 교내 행사인 리더십 실천사례 발표회장에서 김지현이라는 학생의 발표를 심사위원 자격으로 들을 기회가 있었습니다. 지금 청춘들이 겪는 어려움보다 더 어렵고 힘든 상황에서도 환경을 탓하지 않고 스스로 도전 목표를 세우고 자신을 변화시켜나가는 모습을 보고 많은 점을 배울 수 있었습니다. "청춘은 무언가를 '성취'하는 시기가 아니라 무언가에 '심취'하는 시기입니다. 청춘은 어딘가에 '도달'하는 시기가 아니라 무언가를 끊임없이 '도발'하는 시기입니다." 『유영만의 청춘경영』이라는 책에서 제가 청춘들에게 전했던 메시지 중 일부입니다. 바로 이 책을 쓴 김지현 학생은 제가 보기에 자신이 직면한 역경을

청춘은 무언가를 '성취'하는 시기가 아니라
무언가에 '심취'하는 시기입니다.
청춘은 어딘가에 '도달'하는 시기가 아니라
무언가를 끊임없이 '도발'하는 시기입니다.

뒤집어 남다른 경력을 만든 주인공입니다. 그리고 이제는 스스로 몸을 움직여 실험해보고 모색하면서 자신의 미래를 창조한 감동적인 스토리의 주인공으로서 이 책을 들고 여러분 앞으로 돌아왔습니다.

이 책은 한 사람의 대학생활 성공기가 아닙니다. 누구나 직면할 수 있는 힘든 상황, 견디기 어려운 난제를 해결하면서 스스로 대학생활을 자기다운 삶의 디딤돌로 만들어간 이의 진솔한 자기 고백서입니다. 나는 이렇게 해서 성공했다고 자랑하는 책이 아니라 이 책을 읽는 여러분들처럼 한 시대를 살아가면서 고뇌했던 흔적을 고스란히 보여주는 독백입니다. 이 자기 고백과 독백이 같은 시대를 살아가며 고뇌하는 청춘들에게 한 가닥 가능성의 빛줄기를 전해주기를 바랍니다. '~ 때문에 안 된다'고 생각하고 좌절하기보다 '~ 덕분에 될 수 있다'고 생각하며 방법을 찾는 사람들에게 희망과 용기의 텃밭이 될 수 있기를 기대합니다.

프롤로그

11년 전, 2004년 수학능력시험 일주일 전에 아버지가 돌아가셨다. 살고 있던 15평 남짓한 집과 빚, 그리고 결혼 이후로 사회생활을 한 번도 해보지 못한 어머니와 아프고 어린 고1 동생. 이것이 나의 현실이었다. 당장 먹고살 길을 찾으라는 주변의 만류에도 나는 대학을 택했다. 무슨 믿음과 어떤 이유 때문이었는지는 모르겠지만 나에게는 눈앞의 현실보다 희망이 필요했던 것 같다.

캠퍼스 안에 있을 때면 나는 그냥 평범한 대학생이었다. 가진 게 없어도, 집이 가난해도 이곳에 있을 때만큼은 그저 똑같은 대학생이라는 사실이 정말 좋았다. 남들이 보기에는 '오버'라고 여겨질 수 있겠지만, 강의를 들을 때나 캠퍼스에서 햇살을 느끼며 강의실로 걸어가는 그 순간순간이 눈물 나도록 좋아서 감사하고는 했다. 그 때문인지 학교에 대한 애정은 더욱 깊어졌고, 종종 어떤 기회를 얻게 될 때면 늘 감사히 여기며 대학을 다녔다. 또한 누구보다도 치열하게 살고자 노력했는데, 그런 노력은 다시 더 좋은 기회와 인연으로 돌아오기도 했다.

늘 좋은 순간만 있었던 것은 아니다. 가끔씩 뉴스에서 생활고에 시달려 자살한 대학생들 소식을 들을 때면 그 다음 차례는 내가 될지도 모른다는 공포감에 빠지기도 했다. 이따금씩 다음 달에는 어떻게 학자금 이자를 내고, 당장 내일 차비와 식비는 어떻게 마련할까 하는 막막함에 잠 못 이루며 눈물로 지새운 날도 많았다. 겨울에는 난방비를 감당할 수 없어서 집 안에서도 패딩 점퍼를 입고 지내기도 했다. 얇고 오래된 이불은 방바닥의 냉기를 차단해주지 못했다. 어느 날 저녁에는 과외를 하러 간 학생의 집이 너무 따뜻해서 조금만 더 머물다 오고 싶다는 어처구니없는 생각을 해본 적도 있었다. 끼니를 때울 돈이라고는 삼각김밥 하나를 살 수 있는 정도뿐이었을 때 편의점에서 혼자 먹는 게 창피해서 아파트 계단에서 눈물을 훔치며 먹다가 '왜 이렇게 살아야 하지? 나중이라고 달라질까?' 하는 지독한 회의감을 느낀 적도 있었다.

그럼에도 왠지 모르게 나는 나만의 멋진 삶을 항상 꿈꾸었다. 대학생이기 때문에 돈을 주고도 할 수 없는 좋은 경험들을 돈 없이도 할 수 있을 것이라 믿었고, 그런 기회를 잡고자 꾸준히 노력하며 살아왔다. 그렇게 하루하루 살아가다 보니 어느새 졸업을 앞두게 되었다. 상반기에 취업이 된 덕분에 졸업 전에는 지난날을 되돌아볼 여유를 갖기도 했다. 캄캄하고 막막한 시작이었지만, 결국에는 내가 원하던 것들을 내 손으로 직접 하나씩 이루면서 살아온 자취를 돌아보니 뿌듯했다. 모두 내 힘으로 치열하게 살면서 얻어낸 것들이었기에 더욱 소중했다.

누군가 나처럼 힘들게 대학생 시절을 보내고 있는 후배들이 있다면, 대학생활에서 아무런 낭만도 느끼지 못한 채 '재미없어'라는 말만 입에 달고 지내는 후배들이 있다면 이런저런 나의 이야기들을 들려주고 싶다는 생각이 강렬하게 들었다. 방법이 없을까 생각하던 중 우연히 학교 현수막을 보고 '리더십 실천 사례 발표 대회'가 열린다는 것을 알게 되었다. '그래, 이거야!' 하는 생각이 들었다. 15분 남짓한 발표이지만, 이 정도면 충분히 내 생각을 전달할 수 있을 것 같았다. 처음에는 나의 이런 어둡고 초라한 모습들을 밖으로 꺼내놓는다는 것이 망설여졌지만, 누군가에게 도움이 되고 싶다는 생각에 눈을 딱 감고 솔직하게 나 자신을 드러냈다. 열심히 살아온 자취가 나를 불쌍한 대학생이 아닌, 오히려 멋진 대학생으로 보이도록 만든 것 같다. 그리고 그때의 인연이 이렇게 계속 이어져 지금 이 책을 쓰기에 이르렀다.

사실 나는 사회에서 크게 성공한 사람은 아니다. 평범한 직장인일 뿐이고, 과거 대학생 시절에도 그저 평범한 대학생이었다. 그래서 강연을 종종 다닐 때면 '내가 이런 이야기를 들려줄 만한 사람인가?' 하는 의문에 힘들어했던 순간도 있었다. 내가 내린 결론은 이러했다. 너무 어렵고 힘든 역경을 초인적인 정신력으로 견뎌낸 사람이나 세계가 깜짝 놀랄 만한 일을 해낸 사람들의 이야기를 들으면 멋있고 대단하다고 여겨지지만, 평범한 사람들과는 동떨어진 원래부터 대단한 사람이었다는 생각 때문에 크게 와닿지 않을 수도 있다. 하지만 난 평범한 사람이고, 환경과 상황보다는 가능성에 초점을 맞추면서 내가 원하는 것을 하나씩 이루며 살아왔기에 학생들이 좀 더 쉽게 공감할 만한 이야기를 들려줄 수 있지 않을까 생각한 것이다. '이런 평범한 나도 했는데 당신도 할 수 있지 않을까요?'라는 말과 함께 나만의 삶을 만들어가며 살 수 있다는 사실 하나만큼은 자신 있게 전할 수 있다고 믿게 되었다.

지금 이 시대의 청춘들은 무척 힘들다. 각박한 현실 때문에 예전 같은 캠퍼스의 낭만은 찾아보기 어려워졌다. 그렇다고 어설프게 위로를 하려다가는 도리어 화만 불러일으킬지도 모른다. 실질적인 대안을 제시해야 하는데 정답을 알고 있는 사람은 아무도 없다. 참으로 안타까운 상황이다. 이 책 또한 성공적인 대학생활을 이것이라고 단정해 알려주거나, 취업에 대한 실질적인 노하우라든지 각박한 현실에 대한 정답을 말해줄 수 없다. 다만 내가 이야기하고 싶은 것은 20대를 맞이해 주체적으로, 남들과 똑같지 않은, 나만의 색깔을 가진 대학생활을 하면서 평생의 밑거름이 될 20대를 튼튼히 다져보자는 것이다.

이 책에 있는 내용을 모두 다 잘해내려는 부담감을 갖지는 않기를 바란다. 나 역시도 그랬고, 주변의 수많은 대학생활을 한 선배들이나 성공한 사람들도 다들 어떤 특정 분야를 잘한 사람은 있어도 모든 것을 다 잘해낸 사람은 없었다. 요리 책을 보듯 '이런 음식들이 있구나, 오늘은 이걸 요리해봐야지' 하는 생각으로 자신에게 필요하고 맞는 것을 그때그때 잘 추리고, 거기에 자신만의 새로운 생각과 방법을 더해서 자기만의 색깔을 지닌 대학생활을 만들어갔으면 하는 바람이다.

20대에 아무것도 가지고 있지 못하더라도 그것은 여러분의 능력이 부족한 탓이거나 여러분의 잘못 때문이 아니다. 냉정하게 말하자면 출발선이 다른 현실을 인정해야 할 때도 더러 있지만, 스스로 원하는 길을 만들어갈 수 있고 그것이 진짜 내 능력이 될 수 있는 것이다. 가능성이 있다는 것, 그 하나만으로도 청춘은 억만금을 줘도 살 수 없는 소중한 것임을 꼭 알았으면 한다. 그러니 최대한 아름답게, 다시 되돌아가지 않아도 되겠다는 생각이 들 만큼 후회 없이 청춘을 보내기 바란다. 지나고 나서 '그때가 좋았지'가 아닌 '지금이 참 좋구나' 하는 생각이 들 수 있도록.

차례

005 추천의 말 – '역경'을 뒤집으면 '경력'이 됩니다
008 프롤로그

Part 1
시작에 앞서 마음 다지기

018 스무 살, 진짜 '나의 삶'을 시작하자
022 버킷리스트로 대학생활 밑그림 그리기
026 오롯이 나에게 집중하라
032 감사도 긍정도 습관이다
036 지금에 충실하며 현재를 산다는 것
040 '언젠가' 또는 '다음'은 없다
044 당당하게 물어보고 당당하게 요청하라
048 나만 힘든 게 아니야
058 나 자신부터 보듬고 살피자
062 살아오며 들었던 멋진 충고들

Part 2
학교생활이 궁금하지?

070 학기 등록, 미리 알아보고 준비하자

076 수강신청이 한 학기를 좌우한다

080 수업과 학점, 최소한의 안전장치는 필요하다

086 하는 만큼 얻어 가는 교내 활동

090 학교 시설과 프로그램을 100배 활용하라

096 방학, 의미 없는 시간은 없다

100 휴학, 스스로 선택하고 결정하자

106 용돈과 아르바이트, 상황에 맞추어 판단하라

110 선배들이 전하는 군대에 관한 조언

114 우리는 사랑일까?

Part 3
네 꿈에 비타민이 될 역량을 키워봐

122 글쓰기는 소통의 밑바탕
128 영어, 기회의 폭을 넓히는 촉매제
136 미루는 습관, 마감의 신과 작별하라
140 바쁘다는 핑계의 함정에서 벗어나라
146 책으로 인생과 세상을 바라보는 눈 키우기
150 하고 싶은 게 있다면 정보수집에 초점을 맞출 것
154 꿈과 비전도 피규어처럼 수집하라
158 강연으로 영감의 에너지를 보충하라
162 건강과 체력은 열정의 원동력
166 나만의 강력한 비밀 무기, 프레젠테이션
172 독이 되는 SNS, 약이 되는 SNS로 바꿔라
176 나만의 퍼스널 브랜딩, 블로그를 시작하라
180 대외활동, 스펙이 아닌 경험과 추억을 쌓자
186 사회봉사, 도우면 나도 성장한다
190 취미, 이왕 한다면 깊게 파고들자
196 꽃보다 여행, 일단 어디든 떠나보자
200 내 삶을 업그레이드하는 사소한 습관들
210 대인관계, 나만의 중심을 잡아라

Part 4
이제 또 다른 첫걸음을 뗄 시간이야

222 졸업 요건 확인은 1학년 때부터

224 진로, 항상 5년 후 내 모습을 생각하라

230 스펙, 자신만의 방향을 가질 것

234 자기소개서는 스토리텔링으로

240 면접 준비는 기본기부터 천천히

248 졸업은 끝이자 또 다른 시작

252 에필로그

Part 1
시작에 앞서 마음 다지기

스무 살, 진짜 '나의 삶'을 시작하자

수험생 시절 우리는 늘 대학에 가면 다 살이 빠지고 예뻐지고 애인이 생긴다는 말을 어른들로부터 꾸준히 들으며 자유로운 시간이나 놀이, 연애 등을 늘 '대학에 입학한 뒤'에 하자고 미루어왔다. 게다가 드라마에서 보는 캠퍼스는 싱그럽고 즐거운 일로만 가득했기에 대학만 가면 뭐든지 다 저절로 바뀌리라 믿었다. 하지만 대학에 입학하고 나면 드라마와 현실이 같지 않음을 깨닫고는 실망하고 만다. 입학하자마자 체감하는 각박한 현실과 취업의 그늘이 잔뜩 드리운 대학생활. 즐거운 일만 가득하기는커녕 똑같은 일상의 연속이며, 달콤한 로맨스 또한 생각처럼 쉽사리 생기지 않는다. 드라마나 영화와 현실은 엄연히 다르기 때문이기도 하고, 점점 어려워지고 있는 세계경제의 영향도 있을 것이다. 하지만 그 근본적인 차이는 상황이 바뀌더라도 '내'가 바뀌지 않으면 아무것도 바뀌지 않는 이치 때문에 생기는 것이다. 내가 어떤 삶을 살고 어떤 사람이 되느냐에 따라 대학생활은 그에 맞추어 모습을 바꾼다.

대학을 먼저 졸업한 선배들에게 대학생들에게 가장 부러운 것이 무엇이냐고 물으면 다들 한 치의 망설임 없이 '무엇이든 할 수 있는 젊음과 시간적 자유'를 꼽는다. 나이로는 성인이 되었지만 그에 대한 책임은 아직 대학생이라는 방어막 덕분에 무겁지 않고, 자신의 의지대로 얼마든지 시간을 자유자재로 활용할 수 있기 때문이다. 특히 시간이라는 면에서 인생에 이만큼 활발하고 자유롭게 '내'가 원하는 대로 할 수 있는 때가 또 언제 있을까 싶다. 초·중·고등학교 시절에는 언제나 일정한 틀에 따른 시간표대로 움직이며 학원 수업 혹은 야간 자율학습으로 빼곡한 시절을 보내고, 졸업 이후에는 직장에 들어가든 대학원을 가든 다시 빡빡한 삶으로 돌아가는 경우가 대부분이다.

대학생 시절은 시간뿐 아니라 도전의 기회와 가능성이 가장 많은 때이기도 하다. 학생 때의 실패는 연습이자 아름다운 도전으로 남을 수 있지만, 졸업 후에는 모든 것이 실전이다. 20대에 인생이 결정된다는 말은 결코 허황된 말이 아니다. 물론 20대 이후에도 도전하며 자신을 바꾸는 사람들도 있지만, 그러기 위해서는 20대 때보다 몇 배의 시간과 노력을 들여야 하며 감내해야 할 과제들도 상당하다. 따라서 인생의 황금기인 대학 시절에 어떤 인생을 살고 싶은지, 무엇을 해보고 싶은지 철저히 고민하고 되도록 많은 것을 해보는 게 중요하다.

요즘에는 자신의 삶을 주체적으로 살지 못하는 학생들이 늘고 있다고 들었다. 엄마의 '매니저' 역할이 고등학교에서 끝나지 않고 대학생 때까지, 심지어 회사나 결혼 생활까지 이어지는 경우를 심심치 않게 볼 수 있다. 수강신청부터 성적 정정, 졸업에 이르기까지 학부모들의 전화가 이어지고, 회사 출근과 관련해서도 부모가 대신 전화하는 경우가 있다고 한다. 내가 대학생 때에도 어떤 후배들이 20대 중반이 다 되어가도록 부모님이 짜준 계획대로 진로를 설정한 채 살고 있어서 깜짝 놀란 적이 있었다. 언제, 어떤 병과로 군에 입대할지부터 졸업 이후의 진로까지 철저하게 부모의 의견을 따르고 있었다. 좋은 경험을 할 수 있는 기회가 와도 본인이 하고 싶은 것이 무엇인지 명확히 모른 채 부모님의 계획을 따르고자 이내 포기하는 것을 보자니 안타까운 마음까지 들었다.

대학생이 된다는 것에는 어떤 의미가 있을까? 우선 성인이 됨으로써 자유와 권리가 생기고, 그에 따르는 의무와 책임감도 갖게 된다. 초·중·고등학교 시절과는 달리 자신의 생각과 의지대로 상황을 판단하고 실행할 수 있으나 그에 따르는 책임은 오직 본인의 몫이 되는 시기가 시작되는 것이다.

단적인 예를 들자면, 대학에서는 수업 시간표도 획일적으로 정해져 있는 게 아니라 '내'가 직접 짜야 한다. 수업에 결석이나 지각을 한다고 해서 혼내는 사람도 없다. 하지만 그런 행동에 따르는 '학점'이라는 결과만큼은 스스로 책임져야 한다. 시간표뿐 아니라 대학생활에서 내가 선택하는 모든 활동들이 그러하다. 내가 하기 싫다면 아무것도 안 할 수 있지만, 그에 따르는 미래에 대한 책임은 자신이 져야 한다. 반대로 내가 원하는 만큼, 움직이는 만큼 좋은 기회들을 얻고 가져갈 수 있기도 하다.

스무 살, 성인이 되면서 무엇보다도 중요한 것은 이제부터는 나의 선택 하나하나가 내 삶을 이룬다는 사실을 받아들이고 선택에 대한 책임을 지면서 진정한 자신의 삶을 살아가는 자세를 갖는 것이다. 내 인생은 '나의 것'이라는 주체적인 인식이 필요하다. 타인이 주는 정답지대로 따라가다 보면 나를 잃게 되는 순간이 언젠가는 찾아온다. 그 순간이 왔을 때에는 타인을 탓할 수도 없고, 탓한다 해도 아무것도 변하지 않는다. 누구도 나의 삶을 대신 살아줄 수 없으며, 나를 언제까지나

온전히 책임져줄 수는 없기 때문이다.

부모님 말씀대로만 살던 사람이 졸업을 한다고 해서 그 시점부터 갑자기 자신의 삶을 제대로 살아갈 수 있을까? 절대 그렇지 않다. 주체적인 삶은 수많은 시행착오를 거쳐 하나씩 만들어진다. 대학생활은 주체적인 삶의 첫 시작이자 연습이 가능한 시기다. 사회에 나간 뒤에야 주도적인 삶을 연습하려 하면 많은 무리가 따른다. 또 누군가의 결정대로 행동했을 때 그것이 내가 한 선택이 아니라는 생각이 들기 시작하면 작은 어려움이 닥쳐도 쉽게 무너지게 된다.

내가 자유롭게 선택하는 삶을 누린다는 것은 굉장히 매력적인 일이다. 때로는 그 책임 또한 나의 몫이기에 두렵기도 하지만, 멈추지만 않는다면 천천히 나아가면서 나다운 삶의 궤적을 하나씩 만들어갈 수 있으며, 그것은 상당히 의미 있는 일이다.

나는 대학생활 전체를 하나의 큰 도화지라 여겼다. 1학년 때부터 어떤 그림을 그려나갈 것인지, 졸업할 즈음에는 어떤 그림을 완성하고 있을지는 꿈꾸고 기대하며 열심히 살아왔다. 이왕이면 나는 프린트를 하듯 일률적으로 똑같이 찍어낸 그림이 아닌, 나만의 느낌과 색깔이 있는 그림을 그리고 싶었다. 지금 잠깐 실수로 얼룩을 묻히더라도 그 얼룩 또한 개성이 될 것이라 믿었다. 여러분의 흰 도화지에는 무엇을 채우고 싶은가? 스케치를 해보자. 선 하나 점 하나 긋고 찍어보면서 구상을 해보자. 두려울 것은 없다. 시간과 체력과 가능성이 모두 충분한 20대의 정점에 여러분은 서 있기 때문이다. 청춘이라는, 대학생이라는 소중한 시기를 다 지나고 나서 그때가 아름다웠다고 생각하는 것이 아니라 내가 지금 그 안에 있다는 것을 충분히 느끼면서 자신만의 생을 그려보자.

버킷리스트로
대학생활 밑그림 그리기

초등학생 때 나는 무척 숫기 없고 대인공포증도 있는 학생이었다. 학기 초에 자기소개라도 하게 되면 빨개진 얼굴로 고개를 푹 숙이고서는 모기만 한 목소리로 이름만 내뱉고 후다닥 자리로 돌아오고는 했다. 그럴 때면 눈에는 눈물이 고여 있었다. 밖에서 음식을 사 먹을 때 "여기 물 좀 더 주세요"라는 말 한 마디를 건네기 위해서도 대단한 용기를 내야 했고, 반장은 태어날 때부터 대단하고 특별한 아이들이 하는 줄로만 알았다. 하지만 지금의 나는 500명, 1000명이 넘는 사람들 앞에서 떨지 않고 발표를 할 수 있다. 중·고등학생 때에는 늘 반장이나 서클 부장을 맡았고, 어디를 가든 리더 역할을 주로 담당하는 편이어서 활발하다는 소리도 많이 들었다. 어떻게 이처럼 변하게 된 걸까?

내성적인 성격에 만족하는 사람은 별로 없을 것이다. 나도 사실은 활발한 사람이 되고 싶었다. 적극적으로 나서고 싶었다. 그래서 어느 날 아버지에게 물어봤더니 자기계발서를 읽어보면 도움이 될 수도 있다고 말씀하셨다. 아버지도 워낙 내성적이고 소심한 성격이라 책을 읽으며 고쳐보려고 많이 노력했던 터였다. 다만 책을 읽는 것이 능사는 아니니 너무 그 책과 이론에만 빠지는 것은 피하는 게 좋겠다는 말씀도 덧붙이셨다.

처음에 책을 읽고 나서는 희망으로 가슴이 부풀었다. '그래, 긍정적으로 생각하고 적극적으로 행동하자!' 하지만 책을 덮고 다음 날 학교에 가보면 똑같은 생활이 반복될 뿐이었다. 화장이나 스포츠를 글로만 배울 수는 없듯이, 습관처럼 굳어져버린 성격을 고치고 원하는 바를 이루는 것은 글을 읽는다고 해서 쉽게 달라지지 않았다. 책을 읽고 희망을 갖다가 다시 제자리로 돌아오는 일이 반복되자 이제는 책도 더 이상 도움이 되지 않는다고 생각하기에 이르렀다.

그러던 어느 날 교과서에서 '메모광'이라는 수필을 읽게 되었다. 이 글을 쓴 분은 생전에 신문기자였다고 한다. 그래서 광적으로 메모를 하는 습관을 들이게 되었고, 단순한 정보성 기록뿐 아니라 문득 스쳐 지나가는 좋은 아이디어나 이상향에 대해서도 적는다고 했다. 이 글이 가슴 깊이 와 닿으면서 나도 메모광이 되어보자는 생각이 들었다. 평소에 자기계발서를 읽다 보면 내가 원하는 것을 수시로 구체적으로 적어보라고 하는 대목이 많이 볼 수 있는데, 막상 책을 읽었을 때는 적어보자는 생각이 들다가도 책만 덮으면 다시 원래의 일상으로 되돌아오고는 했던 차였다. 다시 한 번 굳게 마음을 먹고 메모하는 습관도 기를 겸 틈이 날 때마다 나의 이상향에 대해 적어보기로 했다.

말 그대로 틈이 날 때마다 적었다. 내가 되고 싶은 모습이라든가 이루고 싶은 것, 갖고 싶은 것, 가고 싶은 곳 등등. 그러자 그때부터 점점 변하기 시작했다. 발표도 잘하게 되었고, 반장도 하게 되었다. 자신감이 생겼다.

목표와 꿈이 눈앞에 구체적으로 그려지기 시작했다.

대학생활을 처음 맞이했을 때도 마찬가지였다. 집에서는 도와줄 수 있는 것이 없었고 나 역시 아무런 능력도 갖고 있지 않았지만, 그에 상관없이 내가 하고 싶고 이루고 싶고 되고 싶은 것들을 습관처럼 끊임없이 적었다. 당시 상황에서는 말도 안 되는 것이었더라도 말이다. 그러고 나니 졸업할 때 쯤에는 정말 많은 것이 이루어져 있었다. 적을 당시에는 꿈조차 꿀 수 없었던 일들이 말이다. '쓰기'라는 마법은 실로 놀랍다.

이런 마법 아닌 마법을 다룬 책은 꽤나 많다. 어떤 책은 '우주의 힘'이라고 주장하기도 하고, 또 어떤 책은 뇌과학적 사실에 기반해 설명을 하기도 한다. 나는 이 마법을 이렇게 이해하고 있다. 군대에 갔다가 휴가를 나온 사람 눈에는 군인들만 보이고 아이를 막 낳은 사람 눈에는 아이만 보이듯, 내가 원하는 바를 구체적으로 알고 있다면 그것에 대해 더욱 민감해지고 노력하기 때문이 아닐까? 그렇기에 더 많은 기회를 찾아내고, 그 기회가 왔을 때 즉각 반응할 수 있는 것이다. 이 원리에 대해 구체적으로 알고 이해할 필요는 없다. 자기가 믿을 수 있는 만큼 이해하면 되고, 무엇보다도 실천을 해봐야 한다. 전기가 어떤 원리로 만들어지는지 몰라도 우리는 늘 전기를 이용하며 편리한 삶을 살고 있는 것처럼 말이다.

주변을 돌아보면 '아, 정말 재미없어. 이렇게 살기 싫어'라고 말하는 사람들이 참 많다. 하지만 반대로 '어떻게 살고 싶어'라고 구체적으로 말할 수 있는 사람들은 드물다. 그러니 당연히 지금의 재미없는 삶이 그대로 이어질 수밖에 없는 것이다. 그렇게 살고 싶지 않다면 어떤 삶을 원하는지 본인이 확실히 알고 있어야 한다. 그래야 원하는 삶으로 방향을 틀 수 있는 기회를 포착할 수 있고, 그러한 삶으로 나아가기 위한 노력에도 구체성을 부여할 수 있다.

대학생으로서 내가 원하는 삶과 모습에 대해 한번 적어보자. 생각만 해도 가슴이 뛰는 그런 일들 말이다. 1학년의 첫 시작이 가장 좋을 때이고, 그 이후로도 목록들은 수시로 업데이트하는 것이 좋다. 이때 주의해야 할 것은 나에게 한계란 없다고 생각하며 목록을 적어야 한다는 것이다. '지금 내 나이가 몇 살이니까', '우리 집 형편이 이러니까', '내가 할 수 있는 건 이 정도밖에 안 되니까' 같은 생각에 매몰되면 할 수 없는 일들이 너무 많아진다.

내게 요술램프가 생겨서 마법사 지니가 무엇이든지 이루어줄 거라고 가정하며 적어보자. 그 어떤 한계도 없다는 가정 아래 생각을 해보는 것이다. 소원이라고 해서 반드시 거창한 것을 적지 않아도 된다. 내가 사소하게 갖고 싶은 것, 되고 싶은 모습, 만나고 싶은 사람, 가보고 싶은 곳, 이루고 싶은 것을 자유롭게 적으면 된다. 그렇게 만든 목록은 잘 보관해두고서 수시로 살펴보자. 썼던 내용이라도 또 쓰는 습관을 들여보자. 몇 년이 지난 뒤에는 '쓰기의 마법'을 확인하면서 자기도 모르게 깜짝 놀라는 순간이 찾아올 것이다.

함께 읽으면 좋은 책

종이 위의 기적, 쓰면 이루어진다 / 헨리에트 앤 클라우저

멈추지 마, 다시 꿈부터 다시 써봐 / 김수영

(당신의 소중한 꿈을 이루는) 보물지도 / 모치즈키 도시타카

오롯이 나에게 집중하라

대학생이 되면 다양한 사람들을 만나게 된다. 그리고 교복을 입던 고등학생 시절과는 달리 자유스러운 스타일을 추구할 수 있기 때문에 유행이나 주변 친구들의 외모에도 관심을 갖게 되는 것이 사실이다. 이런 비교는 외모나 패션뿐 아니라 서로 다른 삶의 패턴에서도 나타난다.

여행 경험이나 대외활동 이력, 부모님의 재력과 개인의 능력 등 다양한 분야에서 서로 비교하며 초라해지는 기분을 느끼기도 하고 스스로 자책을 하기도 한다. 타인과 비교하면 할수록 불행하다는 이야기야 수도 없이 들어왔지만, 어떻게 비교를 안 할 수 있단 말인가?

우리는 종종 겉으로 보이는 누군가의 행복에 순간적으로 매료되고는 한다. 그 모습이 화려하다 못해 지금의 내 모습이 더 없이 초라해 보일 지경이니 속상하다. 그러나 어쩌면 상대방은 자신이 지닌 행복의 이미지만 보여주는 것일지도 모른다. 굳이 그 이면의 불행까지는 얘기하지 않은 채. 보이지 않는 이면에는 다들 보여주기 싫은 어둠이 하나씩은 있었다. 그러면서 점점 나는 누군가를 별로 부러워하지 않게 됐다.

_ 김미경, 『살아 있는 뜨거움』 중에서

잘 생각해보자. 우리가 부러워하는 누군가의 어떤 모습은 그 사람의 삶의 한 단편에 불과하다. 그 사람의 인생 전체를 놓고 보았을 때 어떤 어려움과 힘든 점이 있는지는 전혀 고려하지 않은 채 현재의 일부만을 보고 저울질을 하는 것이다. 게다가 사람마다 조건과 상황이 모두 같을 수 없으므로 애초에 제대로 된 저울질이란 있을 수 없다. 다시 말해 비교가 불가능하다는 얘기다.

살다 보면 더 좋은 일을 만날 수도 있고, 힘든 일을 겪을 수도 있다. 내가 남들보다 더 좋은 것을 가진 경우도 있고, 그 반대인 경우도 있을 뿐이다. 좋으면 좋은 대로 자만하지 않고 지내면 될 일이고, 어렵다고 해서 기죽어 지낼 필요도 없는 것이다.

나 같은 경우에도 1학년 때를 비교와 질투, 그에 따른 우울과 자책으로 보냈다. 친구들이 같이 놀자고 하면 일하러 가야 한다고 대답해야 할 때도 많았고, 용돈을 안 줘서 아빠랑 싸웠다면서 투덜대는 친구를 보며 '나는 당장 다음 달, 내일 하루 먹고살 돈을 걱정해야 하는데 팔자도 좋구나' 하며 참 철이 없다고 생각하기도 했다. '왜 나만 이렇게 힘겹게 대학을 다녀야 하는 걸까?' 하는 생각이 머릿속을 떠나지 않았다. 먼저 저 세상으로 가신 아버지와 이 세상이 한없이 원망스러웠다. 한번은 예쁘게 보이고 싶은 마음에 철없이 밥 먹을 돈으로 옷 몇 벌을 사보기도 했다. 하지만 그렇게 옷을 사며 다른 이들의 화려함을 좇아봐도 정작 나 자신은 초라해지기만 할 뿐이었다.

당시 나는 산악부라는 동아리에서 활동하면서 여러 선배들을 만났다. 나와는 짧게는 1~2년, 길게는 30~40년 차이가 나는 선배들이었다. 선배들은 항상 나에게 네 눈빛에는 뭔가 있다고 말해주고는 했다. 아무것도 가진 것이 없던 나에게 그 말은 왠지 모르게 정말 큰 힘이 되어주었다. '나에게는 무언가가 있다. 돈으로 살 수 없는 무엇이. 그렇다면 돈으로 살 수 없는 그 무엇들을 이루면서 살 수도 있지 않을까?' 하는 생각이 들었다. 그 순간부터 다짐했던 것 같다. '나만의 색깔을 가진 삶을 살자. 나는 남들이 다 하는 어학연수 같은 것들은 하지 못할지도 모른다. 하지만 돈을 주고 할 수 없는 경험들을 하면서 나만의 삶을 살겠다'라고.

그때부터 또 한 번 달라졌다. 다른 사람의 삶을 좇는 것을 그만두면서부터 시야가 더욱 넓어지고 마음도 한결 편해졌다. 자신감도 생겼다. 내가 가진 것만으로 스스로 이루어낸 성취에 대한 자부심도 갖게 되었다. 남과 비교하는 에너지를 다른 곳에 쏟음으로써 더 많은 것들을 바라보고 해낼 수 있게 된 것이다.

질투나 부러움은 에너지가 많이 소모되는 피곤한 감정이다. 이런 감정에 휩싸이게 되면 차분히 자신을 들여다보며 내가 어떤 것을 원하는지, 난 무엇을 할 수 있는지 파악하는 데 집중하지 못하고 밑 빠진 독처럼 내가 가질 수 없는 것들에 대해서 계속 갈증만 내게 된다. 게다가 이런 감정은 사람을 우울하고 만들고 자신감을 떨어뜨린다.

김연아 선수나 강수진 발레리나 같은 사람들도 늘 비슷한 얘기를 한다. 누군가와 경쟁하는 것이 아니라 더 나은 내가 되기 위해 노력한다고. 남을 바라보는 시선은 자신의 평정심을 흔들리게 하고 부정적인 감정을 질투나 부러움은 에너지가 많이 소모되는 피곤한 감정이다. 이런 감정에 휩싸이게 되면 차분히 자신을 들여다보며 내가 어떤 것을 원하는지, 난 무엇을 할 수 있는지 파악하는 데 집중하지 못하고 필 빠진 독처럼 내가 가질 수 없는 것들에 대해서 계속 갈증만 내게 된다.

몰고 오기에 아무런 도움이 되지 않는다. 스포츠 클라이밍 세계 랭킹 1위인 김자인 선수의 목표는 1등이 아닌 온사이트(On Sight, 암벽등반을 할 때 오르고자 하는 루트에 대한 사전 정보나 없이 루트를 한눈에 보고 단 한 번의 시도로 추락 없이 선등하여 완등하는 것)라고 한다. 남들과의 경쟁, 그리고 그에 따라 숫자로 매겨지는 결과에 집착하지 않고 자신이 그 순간을 즐기고 최선을 다하겠다는 의지의 표현인 것이다.

스피드 스케이팅을 예로 생각해보자. 두 명의 선수가 경주를 펼치지만, 최종 결과는 전체 순위대로 결정된다. 만약 옆 레인 선수와의 경쟁에만 휩쓸려 페이스를 잃는다면, 잘해봐야 옆 선수만 이길 수 있을 뿐 전체적인 결과는 좋지 않을 수도 있는 것이다. 좀 더 넓은 시야로 멀리 바라보면서 남과 자신을 비교하기보다 어제보다 더 나은 나, 내 꿈을 위해 살아가는 나에 오롯이 집중하는 것이 더욱 중요하다.

우리는 자신의 자유의지로 살고 있는 듯하지만, 사실은 남의 의도된

의지로 사는 경우가 더 많다. 남의 눈으로 자기 성공을 가늠하고, 남의 기준으로 자신의 부의 크기를 측정한다. 자신은 불편이 없는데도, 남들이 자기보다 더 많이 갖거나 더 큰 집에서 살면 왠지 모를 심리적 위축을 느껴버리는 것이다. (중략) 누가 뭐래도 나는 내 의지대로 인생을 살겠다는 생각을 반복하면 그것 역시 생각의 습관으로 자리 잡는다. 마이 페이스(My own pace) 감성을 가지면 누군가가 옆에서 뛰어가든 날아가든, 자신은 자기의 속도와 방식으로 가겠다는 자신감이 싹트기 시작한다. 더 이상 남과 자신을 비교하지 않고도 행복을 느낄 수 있게 되는 것이다.

_ 이노우에 히로유키, 『생각만 하는 사람, 생각을 실현하는 사람』 중에서

20대에 가진 게 없는 것은 부끄러운 일이 아니다. 내게 태어나면서부터 주어지지 않은 것이 있다면, 내가 만들 수 있도록 충분히 밑거름을 다질 수 있는 시기가 바로 20대이기 때문이다. 또한 젊음만이 행하고 누릴 수 있는 열정과 도전, 경험은 온몸에 휘감은 그 어떤 명품보다 사람을 훨씬 빛나게 한다. 각종 SNS에 넘쳐나는 다른 이들의 화려함을 보며 기가 죽기보다는 철저히 나 자신에 대해서만 깊게 성찰해보자.

내가 좋아하는 것은 무엇인가? 내가 추구하는 가치관은 무엇인가? 그래서 나는 어떤 대학생활을 해나가고 싶은가? 나는 무엇을 이루고 싶은가? 대량으로 인쇄된 팸플릿처럼 똑같은 그림이 아닌, 나만의 개성이 살아 있는 아름다운 그림을 그리기 위해서는 무엇을 하면 좋을지 생각해보자.

화려한 옷과 장식으로 뒤덮여 빛나는 사람보다는 꿈을 향한 의지와 몰두로 눈빛이 반짝이는 사람이 되자. 누군가와 자신을 견주며 그

누군가를 이기려 하지 말고 누구와도 비교할 수 없는 나만의 그림을 그려나가는 삶을 살자. 여러분에게는 그렇게 할 수 있는 힘, '그 무엇'이 있다.

—

함께 읽으면 좋은 책

살아 있는 뜨거움 / 김미경

생각만 하는 사람, 생각을 실현하는 사람 / 이노우에 히로유키

멈추면 비로소 보이는 것들 / 혜민 스님

나는 내일을 기다리지 않는다 / 강수진

감사도 긍정도 습관이다

비교하는 삶은 지양하라고 앞서 말했지만, 결심만으로는 사실 어려울 수 있다. 습관이 생기도록 실천하는 것이 중요하다. 비교하지 않으려면 남에게 향하는 시선을 나에게로 돌리고 남이 가진 것을 보기보다 내가 가진 것을 바라봐야 한다. 이런 습관을 들이기 위한 방법으로 '감사 일기'를 써볼 것을 권하고 싶다.

나는 그 전에도 여러 자기계발서에서 '감사의 힘'에 대한 내용을 보고 내가 가진 감사한 것들을 적어보는 시간을 종종 갖고는 했는데, 2008년에 데보라 노빌의 『감사의 힘』이라는 책을 읽고 나서는 좀 더 본격적으로 '감사 일기'를 적기 시작했다. 감사 일기라는 것은 이런 것이다. 하루를 시작하거나 마무리하기 전에 내가 가진 것이나 우연히 일어난 소소하고 작은 일 등 중에서 감사할 점 서너 가지를 기록으로 남기는 것이다. 예를 들어 나는 이런 것들을 적었다.

- 내가 대학생이라는 것에 감사한다.

- 엄마, 동생과 함께 한집에서 살아감에 감사한다.
- 아르바이트를 구해서 감사한다.
- 오늘 하루 세 끼를 충분히 먹을 수 있었음에 감사한다.
- 젊고 건강함에 감사한다.

감사할 점이라고는 찾아볼 수 없을 우울하고 운이 좋지 않은 날이라 생각될 때에도 내가 가진 당연한 것들에 감사를 표하고는 했다. 그렇게 한 달이 지나고 두 달이 지나면서부터 서서히 변화가 나타나기 시작했다. 내가 그동안 너무 가지지 못한 것만 바라보면서 세상을 원망하며 살아왔고, 그 원망이 나를 갉아먹고 있었음을 깨달은 것이다.

일상의 소소한 행복도 깨달았다. 수업을 들으려고 햇빛을 받으며 캠퍼스를 가로질러 걸어갈 때면 이 세상에서 가장 행복한 사람이 된 것만 같았다. 이렇게 어려운 형편에도 대학을 다니며 수업을 들을 수 있고, 멋진 경험을 할 기회가 많은 곳에 있을 수 있다는 것이 얼마나 감사한지 가슴이 벅차올랐다.

그 후로 나는 점점 더 남이 가진 것을 부러워하거나 의기소침해지지 않게 되었다. 남이 가진 것은 남이 가진 것일 뿐 나와는 전혀 상관없는 것이며 나 역시도 많은 것을 가지고 있기에 나만의 삶을 잘 살아갈 수 있다는 확신을 갖게 되었기 때문이다. 그리고 다양한 활동에도 도전할 수 있게 되었다. 나도 충분히 가졌다는 생각에서 나오는 자신감 덕분에 더 넓은 세상을 바라보게 되었기 때문이다. 내가 처한 상황은 내 힘으로 바꿀 수 없어도 내 마음만은 내 힘으로 바꿀 수 있었다.

어느 날부터는 '너, 참 긍정적인 사람이구나' 하는 소리를 듣게 되었다.

자신이 가진 것들을 잘 생각해보자. 건강과 같이 너무 당연해서 평소에는 느끼지 못했지만 막상 없어지면 힘든 것들이 참 많다. 막연히 생각만 할 것이 아니라 종이에 직접 적어보면 나는 생각보다 가진 게 많은 사람이라는 생각이 들 것이다.

어릴 때부터 불평불만 많고 매사에 부정적이던 내가 긍정적인 사람이 될 것이라고는 생각지 못했다. 이를 계기로 태어나면서부터 낙천적인 사람도 있겠지만 긍정도 습관으로 다져질 수 있음을 깨달았다.

자신이 가진 것들을 잘 생각해보자. 건강과 같이 너무 당연해서 평소에는 느끼지 못했지만 막상 없어지면 힘든 것들이 참 많다. 막연히 생각만 할 것이 아니라 종이에 직접 적어보면 나는 생각보다 가진 게 많은 사람이라는 생각이 들 것이다. 일회성으로 그치지 말고 수첩을 들고 다니면서 꾸준히 매일 적으면 더욱 좋다.

아침에 적는다면 기분 좋은 하루를 시작할 수 있고, 잠들기 전에 적는다면 기분 좋게 잠들 수 있을 것이다. 우울하고 힘든 날에는 큰 위로가 되어줄 것이다. '감사 일기'가 습관이 되면 일상에서도 소소한 행복을 즐길 수 있는 긍정적인 에너지로 가득 찬 사람이 될 것이다.

좋은 기회를 잡기 위해서는 끊임없는 관심과 용기가 필요하다. 그 관심과 용기를 북돋우려면 세상에 대해 긍정적인 생각을 갖고 자신에 대한 믿음을 가져야 한다. 태어날 때부터 긍정적인 사람도 있겠지만 습관만으로도 충분히 긍정적인 사람이 될 수 있다. 오늘부터라도 감사할 짐과 고마운 사람들에 대해 적어보는 습관을 들여보자.

—

함께 읽으면 좋은 책

감사의 힘 / 데보라 노빌

지금에 충실하며 현재를 산다는 것

영화 '죽은 시인의 사회'의 유명한 대사 'Carpe diem(카르페 디엠, 현재를 즐기라는 뜻)'이라는 말을 들어봤을 것이다. 간단하고 쉬운 말이지만 그대로 실천하기는 쉽지 않다. 사람들은 과거의 좋은 시절, 혹은 나쁜 기억에 빠져 현재를 잊거나 부정하기도 하고, 다가오지도 않은 미래를 지나치게 걱정하며 현재의 좋은 점들을 미처 보지 못하고 지나가기도 한다. 많은 사람들이 20대, 즉 대학생 시절이 가장 좋은 때라고 하지만 정작 그 시절을 살고 있는 청춘들은 자신이 좋은 때를 보내고 있다는 것을 인식하지 못하는 경우가 많다.

미래에 대한 불안

TV 프로그램 '인간의 조건'에서 국민 MC 유재석 씨가 개그맨 허경환 씨에게 조언을 하는 장면을 본 적이 있다. 유재석 씨는 과거에 리포터로 활동했는데, 생방송이라는 압박에 못 이겨 자꾸만 실수를 저질렀다면서 이렇게 말했다. “미래에 대한 불안감이 왜 오냐고? 늘 그 고민만 하느라 정작 해야 할 것은 안 하기 때문이야. 알겠니? 내일 당장 녹화인데, 그 연습을 열심히 해야 하는데 밤새 고민만 하고 있는 거지. ‘내일 실수하면 어떻게 하지? 내일 잘해야 하는데!’ 그러면 꼭 내일 실수를 하고 말거든.” 결국 그는 불안과 스트레스를 마주하고 인정한 뒤 노력을 거듭해 이를 극복했다고 한다.

다가오지도 않은 미래를 놓고 지나치게 불안해하며 걱정에 휩싸이면 정작 그 시간에 해야 할 일을 제대로 하지 못해 실패에 이르는 악순환을 겪게 된다. 미래를 주시하며 계획을 세우는 것은 좋지만, 그것이 현재를 옥죄어 불안과 초조함만 낳는다면 아니 한 것만 못하다.

Don't wait for something big to occur.
대단한 일이 일어나기를 기대하지 마세요.
Start where you are, with what you have,
지금 당신이 있는 곳에서 지금 가진 것으로 일단 시작하세요.
and that will always lead you into something greater.
그러면 항상 더 나은 것에 이르게 될 것입니다.

_Mary Manin Morrissey

과거에 대한 미련과 후회

현재 나의 모습은 과거에 내가 행한 수많은 선택의 결과다. ‘그때 공부를 더 열심히 할걸’, ‘이 대학에 지원해볼걸’ 같은 후회는 현재의 자신에 아무런 도움이 되지 않을 뿐 아니라 현재를 부정하게 만든다. 이는 또 다른 악순환을 야기하기도 한다. 과거의 화려하고 좋았던 기억도 마찬가지다. 좋은 기억을 마음 한편에 흐뭇하게 간직하는 데 그치지 않고 과거에 비추어 현재를 부정하는 단계까지 나아가면 그 기억은 현실에서 추억이 아니라 독으로 작용하고 만다.

모든 선택에는 정답과 오답이 공존합니다. 그러니 어떤 것이 옳은 것인지 고민하지 말고 선택을 해봤으면 합니다. 그리고 그 선택을 옳게 만드는 겁니다. 어떤 선택을 하고 그걸 옳게 만드는 과정에서 제일 중요한 것은 바로 돌아보지 않는 자세입니다. 어느 하나를 선택하고 그 선택을 옳게 만들려면 지금 있는 상황에서 무엇이 최선인지 생각하고 실천하는 게 제일 좋은 답이에요.

_ 박웅현, 『여덟 단어』 중에서

'내가 이랬더라면, 저랬더라면' 하며 과거를 곱씹고 다른 사람의 삶을 보며 한탄하기보다는 지금 나의 현재가, 나의 선택들이 최선이 될 수 있도록 노력해야 한다. 이런 마음가짐만이 인생의 가장 빛나는 시기라는 대학생활을 제대로 누리며 살아갈 수 있게 해준다.

이런 광고가 있었다. 군인은 TV 속의 백수를 보며 부러워하고, 백수는 TV 속의 직장인을 부러워하고, 다시 그 직장인들은 TV 속의 군인을 보며 '저때가 좋았지' 하고 회상하는 장면이다. 다들 지나고 나서 그때가 좋았다며 과거를 돌아보고는 한다. 심지어 대학생이 되어서도 '차라리 수능 공부할 때가 좋았어' 하는 말을 꺼내기도 한다. 기억이 미화되면서 힘들었던 점들이 사라지기 때문이기도 하겠지만, 지나고 나서야 그때의 좋은 점들이 객관적으로 눈에 들어오는 것이다.

내가 대학교를 다닐 때 가장 안타까웠던 친구들 중 하나는 나는 원래 이 대학에 올 성적이 아닌데 수능을 망쳐서 여기로 왔다는 말을 버릇처럼 되뇌는 사람이었다. 이미 이 학교에 발을 붙이고 다니고 있는데 마음은 다른 곳에 가 있고, 과거의 영광에 눈이 어두워져 좋은 것을 바라보지 못하고 있었기 때문이다. 자신의 선택들로 만들어진 현재의 상황을 받아들이고 긍정하며 이를 최선의 답으로 만들기 위해 노력했다면 그 친구의 대학생활은 한층 더 빛났을 것이다.

학교에서든 회사에서든 내가 속한 곳에 애착과 관심을 가져야 그곳에서도 그만큼의 좋은 기회와 좋은 점들을 되돌려주는 법이다. '작용 반작용의 법칙'처럼 말이다. 좋은 감정, 감사하는 감정을 가지고 긍정적인 면을 바라보다 보면 좀 더 좋은 것을 선택하고 얻을 수 있는 것이다. 시간도 마찬가지다. 현재의 긍정적인 면, 그 좋은 것을 볼 줄 알아야 그 시간이 나에게 좋은 것들을 가져다준다.

청춘이라는 시절이, 대학생이라는 시절이 좋은 때라는 사실을 다 지나고 나서가 아니라 그 안에 있을 때 깨달았으면 한다. 여러분의 좋은 시절은 바로 지금이다. 지금을 충분히 만끽하자. 현재를 살아가자.

—

함께 읽으면 좋은 책

여덟 단어 / 박웅현

'언제가' 또는 '다음'은 없다

'언젠가'라는 것은 없다. '지금'만이 있을 뿐.

이 말의 교훈을 실제 경험으로 뼈저리게 얻었던 적이 있다. 재수를 하던 시절 이야기다. 집에서 학원비를 대는 것이 녹록지 않아 아르바이트를 하며 공부를 하고 있었다. 시급은 겨우 3000원이 조금 넘었던 것으로 기억한다. 어버이날 즈음해서 백화점 앞을 지나가다가 마음에 드는 넥타이를 발견했다. '이제 나도 스무 살인데 내가 번 돈으로 선물 하나쯤은 사 드려야 하지 않을까' 하는 마음에 한참 동안 그 앞에 머물렀다. 5만 원 상당의 넥타이. 내가 아르바이트를 열다섯 시간 이상 해야 받을 수 있는 돈이었다. 몇 번의 고심 끝에 '아니야, 그 시간에 공부를 더 하는 게 효도 아니겠어? 대학생이 되어서 당당하게 더 좋은 것으로 사 드리자' 하며 뒤돌아섰다. 그런데 그날이 마지막 어버이날이 되고 말았다. 그해 수능 일주일 전에 아버지가 갑자기 돌아가신 것이다. 그때 돌아섰던 나 자신이 어찌나 밉고 후회가 되는지 아직까지도 마음속 깊이 회한이 남아 있다.

그때 크게 깨달은 것은 내가 매일 인사하고 늘 함께 있는 사람들이, 그래서 너무도 당연하게 느껴지는 그 존재들이 언제고 갑자기 내 곁을 떠날 수 있다는 사실이었다. 그리고 나 역시도 그렇게 갑작스럽게 떠날 수 있기에 '언젠가'라는 것은 기약할 수 없음을 온몸과 마음으로 느끼게 되었다.

그 후로는 가족과 곁에 있는 사람들에게 먼저 표현하고 있을 때 잘하자고 늘 유념했다. 그 마음으로 동생이 대학에 가고 싶어하자 망설임 없이 휴학을 하고 동생의 학업을 뒷바라지했다. '나중에 내가 잘되어서 도와준다'는 말은 보장할 수 없다고, 지금 내가 할 수 있는 것을 가족에게 해주는 게 최선이라고 생각했기 때문이다. 지금도 그 생각에는 변함이 없다.

이 깨달음은 사람들과의 관계에만 해당되는 것이 아니었다. 내가 하고 싶은 일에 대해서도 항상 나는 '다음'이란 없다고 생각한다. 물론 극단적으로 죽음만을 염두해서 하는 말은 아니다. 여러 해를 살아오면서 지금 여유가 없다고 미루어봤자 나중에도 여전히 바쁘고 여유가 없다는 것을 알게 되었고, 기회가 매번 똑같은 시기에 동일하게 찾아오지도 않는다는 것도 깨달았기 때문이다. 예를 들어 하고 싶은 일이 생겼을 때 내가 지금은 여유가 안 될 것 같아서 내년으로 미루면 내년에도 똑같이 여유가 없거나 그 기회 자체가 사라지는 경우가 많았던 것이다. 언제나 '지금'만이 있을 뿐이었다.

초·중·고등학교 학창 시절 우리는 학업과 학원, 입시로 늘 바빴다. 그렇게 살아오다가 막상 대학교에 가더라도 새로운 만남과 환경 덕분에 바쁜 일은 꾸준히 생길 것이다. 대학에서도 곧 3~4학년이 되면 미래에 대한 준비 때문에 바쁠 것이고, 취업 이후에도 바쁜 나날은 계속될 것이다.

그러면 어떻게 해야 할까? 일단은 그 기회라고 하는 것이 내가 얼마나 원하는 것이인지, 나는 무엇을 얻을 수 있는지에 대해 스스로가 잘 알고 있어야 한다. 그리고 판단이 내려지면 일단 잡는 것이 맞다. 완벽한 상황이란 있을 수 없기 때문이다. 항상 모든 일에는 핑계와 이유가 있기 마련이다. 일단 기회를 잡고 나서 그에 맞추어 상황을 하나씩 정리해나가면 된다.

몇 년 전, 워킹맘이 되고 나서 혼자 여행을 떠나고 싶었던 적이 있었다. 하지만 휴가 문제, 비용 문제, 육아 문제에 주변의 시선까지 발목을 잡는 일이 한두 가지가 아니었다. 도저히 방법이 없을 것만 같았다. 그런데 그저 '가볼까?' 하고 마음만 먹고 있었을 때는 앞이 깜깜해 보이지 않던 길들이 '가자!' 하고 마음을 먹고 내지른 순간 오랫동안 풀리지 않던 실타래가 풀리듯 문제가 하나씩 해결되는 경험을 했다.

신기하게도 일단 마음을 먹고 하게 되면, 그에 맞춘 듯이 새로운 방법과 좋은 기회들이 따라서 생기는 경우가 많다. 마치 예전부터 그러기로 약속되어 있었던 것처럼 말이다. 길이 만들어지기를 기다리지 말고 새롭게 길을 찾아 만든다는 생각으로 덤벼들어야 한다. '해볼까?'에 머물지 않고 '하자!'로 나아갔을 때 상황이 그에 맞춰 변하는 마법을 꼭 한 번 경험해보기 바란다.

또 한 가지 염두할 점은 기회가 왔을 때 여건은 되는데 내 역량이 부족할 때가 있을 수도 있다는 것이다. 무조건 '지금' 덤벼들기만 하는 것이 능사는 아닌 것이다. 기회가 찾아오지 않는 동안에는 밀물이 들어오기를 기다리며 자신을 다듬는 시간을 갖는 것이 좋다.

대학생이라는 사실 하나만으로 정말 멋지고 굉장한 기회들을 수도 없이 만날 수 있다. 이를 잘 찾고 활용하기 위해서는 앞뒤 생각 없이 일단 도전하기를, 그리고 그때를 위해 평소에 꾸준히 준비하기를 바란다. 더불어 무엇보다도 잊지 말아야 할 것은 가족, 지금 곁에 있는 사람들, 공기와도 같이 내 옆에 있는 것이 당연한 사람들과도 언젠가는 다 헤어지게 된다는 사실이다. 꼭 죽음 때문이 아니더라도 졸업, 결혼, 취업 등으로 지금과는 다른 패턴의 삶을 살게 되면 현재만큼 밀접한 관계를 맺으며 생활하지 못하게 될 가능성이 크다. 자신이 소중하다고 여기는 사람에게 그 생각과 마음을 전달하는 것만큼은 절대 미루지 말자. '다음'이라는 것은, '언젠가'라는 것은 없으니까.

당당하게 물어보고 당당하게 요청하라

'두드려라. 열릴 것이다. 구하라. 얻을 것이다.' 어릴 때부터 나는 성서에 나오는 이 문구가 무척 인상 깊었다. 지금까지의 삶에 비추어 봐도 저 문구는 인생의 진리가 아닐까 하는 생각마저 든다. 무언가를 얻고 싶다면 액션을 취해야 한다. 그것이 되든 안 되든 말이다.

우선 질문에 대해 생각해보자. 질문은 의미 없이 널려 있는 정보들 중에서 나에게 진정 필요한 답과 정보를 구할 수 있는 최적의 도구다. 대학교의 강의실 풍경을 보자. 모르는 것이 생겼을 때 그 즉시 질문을 하는 학생은 거의 찾아볼 수 없다. 이는 사람들 사이에서 튀는 것을 좋아하지 않는 우리나라 특유의 정서 때문이기도 하고, 초·중·고등학교를 거치며 받아온 획일적인 교육에 익숙해져 있기 때문이기도 할 것이다. 수업 시간에 질문을 하면 본인에게 필요한 해답을 즉시 얻을 수 있다. 또한 교수님이 학생들의 이해도에 대해 다시 한 번 생각하게 되고, 그에 맞추어 수업을 진행하는 데 도움이 되므로 남에게 폐를 끼친다는 생각은 버리고 당당하게 질문할 수 있어야 한다.

이해되지 않는 게 있으면 그 즉시 질문하는 것이 좋다. 시간이 지나면 내가 무얼 놓쳤는지 기억 나지 않을 수 있고, 교수님 입장에서도 수업과 동떨어진 내용에 대해 따로 시간을 내서 질문을 받는 것이 부담스러울 수 있기 때문이다. 여럿이 함께하는 공간에서 질문하는 게 너무 튀는 것 같아 부담스럽다면, 수업 시간 중간에 간략히 메모를 해두었다가 수업이 끝난 직후에 따로 질문을 하는 것도 하나의 방법이다.

이는 수업에만 해당되는 이야기가 아니다. 대학생활을 하는 동안 얻고 싶은 것이 있다면 그것을 얻기 위해 무엇을 해야 하는지 물어보는 과정이 필요하다. 그래야 그에 맞추어 제대로 된 준비를 할 수 있고, 원하는 결과를 얻을 수 있는 확률이 높아진다.

무언가 물어볼 사람을 꼭 자신이 알고 있는 사람 중에서 찾을 필요는 없다. 내가 구하는 답을 이미 얻었거나 지금 그 길을 걷고 있는 사람에게 물어보는 것이 가장 정확할 수 있다. 요즘 같은 때에는 이메일과 SNS 등 다양한 커뮤니케이션 통로가 있으므로 이런 사람들을 찾아 직접 질문을 하기 쉬워졌다. 대부분의 경우에는 진심을 담아 내가 처한 상황과 궁금한 점을 구체적으로 정중하게 질문하면 면식이 없는 사이라도 진심 어린 조언이 담긴 상세한 답변을 들을 수 있다.

그 이유는 무엇일까? 그들도 분명 나와 같은 시기가 있었을 것이고, 그렇기 때문에 답을 찾고자 노력하는 모습이 가상해서 도와주고 싶은 마음이 들기 때문이다. 그리고 자신이 도움이 되고 필요한 존재라는 사실을 자각하는 것 또한 그들에게 좋은 감정을 주기 때문일 것이다. 어쨌든 중요한 것은 이런 사람들을 직접 스스로 찾아보고, 또 두려움과 망설임 없이 물어봐야 그것을 얻을 수 있다는 점이다.

여기서 두려움이라고 함은 '거절'에 대한 것이다. 처음에는 그 두려움과 더불어 낯선 사람에게 도움을 요청하거나 질문하는 것이 부끄러움과 함께 거대한 장애물처럼 느껴질 때가 있다. 이에 대해서는 내 학창 시절 친구 중 협상을 잘했던 B에 대한 이야기를 들려주고 싶다.

B는 항상 물건 값에 대한 흥정뿐 아니라, 어떠한 요구사항도 자신이 원하는 대로 잘 이끌어내고는 했다. 심지어 회사에 입사하고 나서도 말이다. 나는 그것이 늘 궁금해 B에게 어떤 비결이 있냐고 물어봤더니 B는 다음과 같이 대답했다. "난 항상 '아니면 말고'라고 생각해. 부끄러운 것은 아주 잠깐이고, 잘되면 나에게 큰 도움이 되잖아. 안되더라도 본전이고". 단순하지만 명쾌한 답변이었다.

앞으로 많은 것들을 직접 요청해보면 알겠지만, 대부분의 질문과 요청들은 막상 내가 걱정했던 것과는 달리 맥이 풀릴 정도로 간단하고 쉽게 풀리는 경우가 많다. 따라서, 그 두려움을 떨쳐내는 '아님 말고'의 정신이 필요한 것이다.

만약, 거절을 당한다 하더라도 그것에 대해 상처를 받거나 좌절할 필요는 없다. 그 거절의 이유가 자신이 못나서, 싫어서라기보다는 대부분 객관적인 그곳만의 사정과 이유가 있어서인 경우가 많기 때문이다. 그리고 뭐든지 처음이 어려울 뿐, 질문과 요청도 하면 할수록 더 수월해지고 부드럽게 잘할 수 있게 되니 걱정할 필요 없다.
나 역시도 살면서 많은 것들을 물어보며 얻게 된 것이 참 많다. 처음에는 가고 싶은 대학교에 대해 물어본 것이 시작이었다. 전혀 이전에 알지 못하는 사람임에도 불구하고, 자신의 미래의 후배가 될지 모른다는 생각에서 인지 진심을 담아 자신의 경험담과 함께 가이드를 해 주었다.

그 이후의 사람들도 마찬가지였다. 대외활동에 합격한 사람들, 회사에 다니고 있는 선배들, 책의 저자, 강연자들까지 전혀 면식이 없는 사람들이었지만, 메일을 보내면 모두가 진심 어리고 실질적인 조언들을 많이 해줬던 감사한 기억이 가득하다.

무언가를 요청할 때 자신이 낮아진다는 생각이 들어 어려운 사람도 있겠다. 자존심이 상해서 그그런 것 어색하다고 느끼는 것이다. 하지만 좀 더 중요하고 나에게 도움이 되는 것은 무엇일지 잘 생각해 보면 그 '존심'이라는 것을 조금만 내려놓는 것만으로도 많은 것을 얻을 수 있나는 것을 깨날을 수 있을 섯이다.

원하는 답을 얻고 싶다면, 두 가지를 생각하고 질문하는 것이 좋다. 첫째는 그 답을 줄 수 있는 사람을 직접 찾아서 질문할 것, 둘째는 최대한 스스로 알아보고 고민해본 뒤에 구체적으로 물어보는 것이다.

대학생들 커뮤니티를 보면 불특정 다수에게 '휴학을 하고 무엇을 하면 좋을까요?'라고 질문 글이 많이 있다. 하지만 그 질문을 보는 사람들은 나와 비슷한 고민을 하고 있는 사람들일 수도 있고, 적절한 대답을 해줄 수 있는 사람들이 주의 깊게 보는 곳이 아닐 수도 있다. 같은 고민을 하는 같은 또래들에게 답을 구해봤자 큰 도움이 안될 가능성이 더 크다. 또, 모호한 질문은 모호한 대답을 안겨줄 뿐이다. 내가 얻고 싶은 답이 무엇인지에 따라 질문과 답변의 질은 크게 달라진다. 정말 도움이 되는 답을 구하고 싶다면, 이 두 가지를 꼭 기억하도록 하자.

모르는 것은 물어보자, 필요한 것은 요청하자. 두드리면 열리고, 구하면 얻는 자신의 모습을 발견할 수 있을 것이다. 아니면 말고!

나만 힘든 게 아니야

이번에는 대학생활을 하며 부딪히게 되는 부정적인 감정과 생각들에 대해 이야기해보려 한다. 힘든 감정이 생겼을 때, 무엇보다 중요한 것은 내가 특별히 못나서라거나 나만 힘든 것은 아니라는 점을 염두에 두어야 한다는 것이다. 그 나이 때에 따라 혹은 직면한 상황에 따라 모두가 공통적으로 경험하게 되는 감정들이 대부분이다.

막연한 미래에 대한 두려움

사춘기 때부터 이따금씩 거대한 불안함이 몰려온다. 그것은 바로 막연한 내 미래에 대한 두려움이다. 내가 취업을 잘 할 수 있을까? 나중에는 지금보다 더 나아질까? 라는 물음표가 떠오르면서 불안감에 사로잡혀 큰 스트레스를 받기도 한다. 하지만 뒤집어 생각해보면 무엇이 될지 모른다는 것은 무엇이 될지 정해지지 않았다는 것이고, 다시 말하면 그렇기에 무엇이든지 될 수 있다는 뜻도 된다. 기성세대가 청춘을 부러워하는 이유는 바로 무엇이 될지 정해지지 않았기에 있는 '가능성' 때문이다. 아이러니 하게도 이 가능성을 지닌 청춘은 정작 그로 인해 불안하기만 하다. 하지만 이것은 누구나 맞닥뜨리게 되는 생각과 감정이고, 그 나이와 상황에서는 누구나 자연스럽게 발생할 수 있기 때문에 너무 심각하게 생각하거나 자책할 필요는 없다.

나도 그랬다. 알 수 없는 미래에 대한 불안감이 잠들기 전 이따금씩 덮쳐왔다. '이렇게 열심히 아등바둥 살아간다 해서 과연 달라지는 게 있을까?' 하는 생각은 불안을 넘어 공포감으로, 그렇게 잠을 설친 날이 많았다. 그래서 나는 그런 생각을 물리칠 만한 증거, 확신이 필요하다는 생각을 했고, 나와 비슷하게 힘들게 대학생활을 했지만 지금은 보란 듯이 잘 살고 있는 선배를 만나 이야기를 듣고 싶다고 생각했다. 그런 선배가 주변에 없다고 느껴질 때는 10년 뒤의 내가 찾아와 '모든 것은 다 잘 되어 있으니, 지금처럼만 열심히 해. 잘하고 있어'라고 말해준다면 얼마나 좋을까라는 허황된 생각을 해본 적도 있다. 지금의 나라면, 10년 전의 나처럼 지내고 있는 후배들에게 그런 이야기들을 해줄 수 있을 텐데 아쉬운 마음이 든다. 그렇게 목적을 갖고서 하루하루 최선을 다한다면 반드시 그 정성이 보답할 날이 오니 묵묵히 버티라고 말해줄 수 있을 텐데 하고 말이다.

믿음을 갖고 첫 계단에 올라라. 계단 전체를 볼 필요는 없다.

_ 마틴 루터 킹

론다 번의 『시크릿』을 보면 잭 캔필드가 어떤 목표에 도달하는 과정을 야간 운전에 비유하는 대목이 있다. 깜깜한 밤에 차를 몰아 캘리포니아에서 뉴욕으로 간다고 해보자. 가로등도 없는 길을 전조등에만 의지해서 간다면 100~200피트 앞의 거리만 보면서 전진하게 될 것이다. 하지만 그 200피트를 지나면 또 다른 200피트가 눈앞에 펼쳐질 것이고, 그렇게 계속 가다 보면 목적지에 도달하게 되는 것이다. 목표와 방향이 확실하다면 지금 당장 그 과정과 결과를 미리 볼 수 없다고 해서 쉽게 좌절하지 말라는 이야기다. 믿음을 가지고 첫발을 내딛자.

아직 일어나지도 않은 일들을 놓고 온갖 경우의 수를 상상하면서 괴로워하고 지나치게 겁을 먹게 되면 눈앞의 좋은 시절, 좋은 것들을 제대로 보지도 못한 채 놓칠 수 있다. 그런 걱정과 고민들을 이따금씩 찾아오는 당연한 감정이라 생각해보자. 미래의 내 모습에 대한 적당한 불안감과 두려움은 현재를 더 충실하게 살게 만드는 자극제이자 내가 원하는 미래가 무엇인지 진지하게 고민해보는 계기가 될 수 있다. 최선을 다하는 현재는 언젠가 반드시 당신에게 멋진 선물을 안겨다 줄 것이다.

슬럼프

아무리 마음을 굳게 먹어도 살다 보면 종종 슬럼프가 찾아온다. 무기력에 빠져 삶 자체가 무상하게 느껴지며 모든 것을 내려놓고 싶어지는 순간 말이다. 유명한 스포츠 선수나 연예인 등 강하고 화려해 보이는 사람들도 슬럼프는 겪기 마련이다. 따라서 내 의지가 약해서 슬럼프가 왔다고 생각하기보다는 누구나 인생을 살아가면서 지속적으로 마주하게 되는 하나의 과정이라 여기는 것이 좋다. 또한 그런 시기가 찾아오기 전에 나는 슬럼프를 어떻게 마주할 것인가 생각해보고 방법을 찾아보면 감정 관리나 일상 유지에 큰 도움이 된다.

> 미래의 내 모습에 대한 적당한 불안감과 두려움은 현재를 더 충실하게 살게 만드는 자극제이자 내가 원하는 미래가 무엇인지 진지하게 고민해보는 계기가 될 수 있다. 최선을 다하는 현재는 언젠가 반드시 당신에게 멋진 선물을 안겨다 줄 것이다.

그런 때에는 사실 아무것도 안 하는 게 도리어 도움이 될 수도 있겠지만, 그러다가 자칫 그 기간이 길어지게 되면 슬럼프로 인해 생기는 후폭풍을 감당하기 힘들어진다. 또 졸업 이후 사회에 나가서는 내가 슬럼프를 겪더라도 누구도 배려해주지 않는다. 내가 책임진 것만큼은 마땅히 확실히 해낼 것을 요구받기 때문이다. 따라서 슬럼프를 슬기롭게 극복해낼 방법을 미리 찾아둘 필요가 있는 것이다.

의사가 약을 처방하듯 슬럼프에 맞는 극복 방법을 알려주기는 불가능하다. 개인마다 다르고, 한 개인도 당시 상황과 감정의 정도에 따라 슬럼프가 지나가는 강도와 시기도 다르기 때문이다. 결국 자신이 스스로 방법을 찾아야 하는데 그런 시기가 올 때마다 다양한 방법을 시도해보고 그때의 감정 변화들을 기록해둔다면 훗날 비슷한 상황을 마주할 때 훨씬 수월하고 유연하게 넘길 수 있을 것이다. 내가 슬럼프에 빠졌을 때 시도한 방법은 이런 것들이었다.

- **책 읽기**

다른 이들이 인생을 바라보는 시각, 삶의 지혜, 인간의 심리에 관한 책을 읽다 보면 깨달음이나 영감을 얻을 때가 있다. 독서는 현재의 내 복잡한 생각을 정리하는 데 큰 도움이 되며, 책에 몰입하다 보면 머릿속이 비워지는 효과도 있다.

- **글쓰기**

지금의 감정, 하고 싶고 원하는 바에 대해서 구체적으로 솔직하게 써본다. 지금 문제의 원인은 무엇일지, 현재의 좋은 점은 무엇인지에 대해 써보면서 이 감정의 원인을 찾아보는 것이다. 글을 쓰면 머릿속이 정리될 뿐 아니라 누구에게 하소연을 한 것처럼 마음이 풀리는 효과도 얻을 수 있다.

- **일단 몸을 움직이기**

생각을 멈추고 몸을 움직이는 데만 집중하면 잠시 머리가 비워진 듯 말끔한 느낌이 든다. 걷기, 등산, 요가, 기타 운동 등 어느 것이든 상관없다. 일단 밖으로 나가서 발가락 하나라도 움직여보는 것이다. 중요한 것은 그 움직임 자체에 몰입하며 생각을 비우는 것이다. 마라톤이나 조깅이 취미인 사람들을 인터뷰해본 적이 있었는데, 뛰면서 땀을 흘린 뒤 샤워를 하고 나면 모든 근심과 걱정이 씻겨 내려가는 듯한 느낌을 받는다고 한다.

- **물어보기**

주변의 조언을 구할 수 있는 사람에게 부끄럼 없이 다 물어본다. 내 상황과 마음 상태에 대한 다른 사람의 관점은 어떤지, 어떻게 하면 바꿀 수 있을지 들으며 내 생각을 정리하다 보면 또 다른 답이 보이기도 한다.

- **좋은 순간의 기억과 감정 떠올리기**

이것은 실제로 슬럼프에 빠진 운동선수들이 멘탈 트레이닝(스포츠 등의 분야에서 기능이나 체력 강화와 더불어 집중력 등 정신력을 강화하는 훈련 방법)을 할 때 쓰는 방법 중 하나라고 한다. 자신의 영광의 순간, 성취의 순간들을 생생하게 회상하며 느끼는 것이다. 여기서 중요한 포인트는 과거를 단순히 그리워하라는 것이 아니라 그때 느꼈던 감정들을 지금 일어난 일처럼 느끼는 것이다. 이렇게 하면 과거에 내가 이런 것도 해냈는데 못할 것이 뭐가 있겠냐는 마음으로 자신감을 다시 채울 수 있다.

- **작은 것부터 하나씩 시작하기**

'비정상회담'이라는 TV 프로그램에서 영국의 탐험가 제임스 후퍼는 "작은 것부터 하나씩 하다 보면 어느 새인가 모든 것을 이룬 자신을 보게 될 것"이라고 말한 바 있다. 문제가 하나 터지게 되면, 그것이 꼬리에 꼬리를 물어 결국 모든 것이 다 문제인 것 처럼 느껴지고는 한다. 너무나도 버겁고 어디서부터 시작해야 할지 감을 잡을 수 없어 자꾸만 모든 문제를 회피하게 되는 것이다. 그럴 때는 딱 한 가지만 시작하면 된다. '이것만, 이 작은 것 하나만 딱 눈 감고 해보자' 하고 '사소한 시작'을 해보는 것이다. 그렇게 하나씩 하나씩 사소한 것을 하게 되면 결국에는 큰 것도 해내는 자신을 발견할 수 있다.

- **오늘 단 하루만 최선을 다해보기**

김미경의 『살아 있는 뜨거움』이라는 책을 읽고서 '오늘 하루만 버텨보자'라는 생각으로 매일을 버티던 때가 있었다. 너무 길게 생각하면 힘이 빠지지만, '오늘'만 집중하다 보면 어떻게든 힘을 낼 수 있다.

정말 힘들 때는 나를 내일로 데려가는 것만 생각해야 한다. 나를 내일로 데려가는 것만 생각해야 한다. 내가 내일 아침의 햇살을 느끼게 해주고

밥을 먹여주는 일, 그것만 해야 된다. (중략) 세상에는 놀랍게 그날만 견디면 되는 일이 많다. 그 하룻밤만 지나도, 잠만 몇 시간 자도 조금은 숨통이 트인다.

_ 김미경, 『살아 있는 뜨거움』 중에서

슬럼프라고 하는 것은 늪과 같아서 빠져나가려 하면 할수록, 외면하려 하면 할수록 더 깊게 빠져들게 된다. 직면하고, 받아들이고, 이런저런 생각과 다양한 방법들을 찾아보며 점점 더 유연하게 극복할 수 있는 방법을 스스로 찾아보자.

외로움

우리 사회의 사람들은 남녀노소를 불문하고 외롭다. SNS 등 소통을 위한 매체는 다양해졌지만 역설적으로 사람들은 더욱 외로워지고 있다. '불금'이라는 조어를 들으면 금요일 밤을 불사르듯 보내지 않으면 내가 꼭 루저(loser)가 된 듯한 기분이 든다. 특별한 날에 함께할 사람이 없으면 세상에 이보다 더 비참한 일은 없는 것만 같다. 그래서 공허한 마음에 괜스레 마음에도 없는 사람들과 어울려 놀기도 하고, 무리에 끼지 못할까 봐 내키지도 않는 모임에 얼굴을 내비치게 되는 것이다.

외로움은 인간이라면 누구에게나 찾아오는 감정이다. 그 절대적인 혼자만의 시간을 어떻게 잘 보내는가에 따라 삶의 질도 달라진다고 생각한다. 외로운 순간 모처럼 자신을 마주 보며 그동안 남에게 신경 쓰느라 혹은 남의 시선에 맞추느라 제대로 보지 못했던 진정한 자아를 만날 수도 있고, 혹은 툴툴 털고 일어나 책을 읽거나 일기를 쓰거나 음악을 들으면서 외로움을 잠시 무시할 수도 있다. (중략) 혼자 있으며 외로움과 마주할 때 우리는 가장 진실할 수 있지 않을까. 남들에게 보여주기 위한 위선이나 가증스러운 모습이 아니고 약하지만 사랑해줘야 할 대상으로서의 나, 그리고 여태 잘 버티고 살아낸 대견한 자신을 칭찬해줄 수 있는 시간도 그런 외로움이 주는 축복이 아닐까?

_ 유인경, 『내일도 출근하는 딸에게』 중에서

나 역시도 대학생활을 하면서 '외로움'을 견딜 수 없어 몸서리쳤던 경험이 있다. 나에게 있어 가장 외로운 날은 명절이었다. 아버지가 돌아가신 이후 우리 가족은 명절에 딱히 갈 곳도 없었고 반겨주는 곳도 없었다. 친구들도 그날만큼은 고향으로 돌아가거나 가족과 함께했다. 문을 연 가게도 거의 없었다. 우리 가족은 지친 심신을 이끌고 어두운 표정으로 며칠 동안이나 서로 아무 말 없이 명절을 보내고는 했다. 그런 감정이 너무 싫어서 더더욱 외로움을 피하기 위해 악착같이 발버둥쳤던 것 같다. 많은 사람들을 만나고 나를 바쁘게 만들며 외로움이라는 느낌 자체가 들지 않도록 말이다. 하지만 그 후폭풍은 참으로 거셌다.

입사 이후 육아휴직을 하는 동안 통영이라는 낯선 도시에서 산 적이 있었다. 이제 갓 백일이 지나 말도 하지 못하는 아이와 함께 아무 연고도 없는 곳에서 남편이 출근한 뒤 혼자 하루를 보내고 나면 외로움이 물밀듯이 밀려왔다. 견디기 힘든 날들이었다. 태어나서 처음 겪는 진정한 외로움인 것만 같았다. 온갖 감정과 생각이 나를 휩쓸고 지나갔다. 이런 것들을 미리미리 정리하며 살아왔다면 그토록 힘들지 않았을 것 같다. 그동안 나 자신을 제대로 마주하지 않은 데 따른 후과는 그렇게 무서운 것이었다. 하지만 그 시기를 철저히 거치고 난 이후 나는 더 강해졌다. 생각과 감정이 풍부해지면서 사람들의 공감을 얻을 수 있는 글을 쓰게 되기도 했고, 내가 진짜로 원하는 삶은 무엇이고 나는 어떤 사람인지 잘 이해하게 되었다. 지금 생각해보면 살아가면서 꼭 마주해야 하는 감정들이었지 않나 싶다. 외로움을 좇으려고 아등바등하며 소비한 시간들이 부질없다는 생각도 든다. 시간이 흐르고 난 뒤에도 내 곁에 남은 진정한 친구, 내 사람들은 그렇게 많지 않기 때문이다. 외로움이 찾아왔을 때 겁내고 피하려고만 하지 말고 오히려 잘 받아들이면서 자신과 마주한다면 그 시간 또한 의미 있게 나를 다질 수 있는 소중한 기회가 될 것이다.

사람은 때로 외로울 수 있어야 합니다. 외로움을 모르면 삶이 무뎌져요. 하지만 외로움에 갇혀 있으면 침체되지요. 외로움은 옆구리로 스쳐 지나가는 마른 바람 같은 것이라고 할까요. 그런 바람을 쏘이면 사람이 맑아집니다.

_ 법정 · 최인호, 『꽃잎이 떨어져도 꽃은 지지 않네』 중에서

대학생활 동안 나를 힘들게 했던 감정들에 대해 나의 경험과 살아오면서 얻은 지혜들을 적어봤다. 최근에 '인사이드 아웃'이라는 영화를 보면서 이런 부정적인 감정들을 꼭 나쁘게만 여겨서는 안 되겠다는 생각을 했다. 세상을 살아가는 동안 기쁜 것만 느끼고 싶어 하는 것은 어찌 보면 당연한 욕망이고, 또한 그 기쁨이 나를 항상 좋은 길로 이끌어줄 것이라고 여길 수도 있지만, '슬픔' 또한 반드시 필요한 감정인 것이다. 슬픔에는 감정을 정화해주는 기능이 있다. 모든 감정에는 다 의미가 있는 것이다. 부정적인 감정들로 힘이 들 때 너무 그 안에 갇혀 있어서도 안 되겠지만 그렇다고 해서 무조건 회피하려고만 하면, 그 감정들은 사라지지 않고 언젠가는 후폭풍이 되어 다가오게 된다. 나에게 찾아오는 감정을 충분히 느끼고 정화를 하는 것, 그런 감정을 건강하게 다루는 것 또한 바람직한 대학생활을 하는 데 꼭 필요한 부분이다.

함께 읽으면 좋은 책

꽃잎은 떨어져도 꽃은 지지 않네 / 법정, 최인호

내일도 출근하는 딸에게 / 유인경

무조건 행복할 것 / 그레첸 루빈

함께 보면 좋은 영화

인사이드 아웃

나 자신부터 보듬고 살피자

내가 자존감에 대해 진지하게 고민하기 시작한 것은 대학교 3학년 때 어느 교양 수업을 듣고 난 뒤부터였다. 교양 수업은 '결혼 생활'에 관한 것이었는데, 교수님이 한 학기 동안 전달한 핵심 메시지는 딱 하나였다. "결혼 생활의 모든 문제는 자존감이 낮은 데로부터 비롯된다." 따라서 수업 내용은 자존감은 어떻게 형성되며 어떤 것에 영향을 받는지에 관한 것으로 집중되었고, 자존감을 향상시키기 위한 조별 토론 수업도 병행되었다. 수업이 진행됨에 따라 내 자존감이 어떻게 형성되었는지, 왜 이렇게 낮은지, 그것이 어떤 문제들을 일으키는지 알게 되면서 크게 충격을 받고는 관련 도서들을 여럿 찾아 읽었다.

자존감의 사전적 의미는 '자신을 존중하고 사랑하는 마음'이다. 자존감은 삶을 대하는 태도와 선택, 감정뿐 아니라 인간관계에까지도 영향을 미치므로 이에 대해 잘 알고 있는 것이 좋다. 훗날 배우자를 선택할 때도, 아이를 낳아 부모가 되어서도 끊임없이 따라다니는 문제가 될 수 있기 때문이다.

나는 내담자들에게 자존감을 기르기 위해서는 자립심과 자기 자신을 인정해주는 법을 먼저 배워야 한다고 말한다. 다른 사람의 평가와 상관없이 자신의 가치를 올바르게 판단하고 비난이나 비판, 무관심에 흔들리지 않으며 남에게 집착하지 않는 법을 알아야 하는 것이다. 그렇게 자신의 존재를 스스로 인정하는 경험을 하면 마음이 상하는 일이 생기더라도 책임을 떠넘길 다른 사람을 만들지 않고 남들이 나를 어떻게 생각할지 고민하느라 에너지를 낭비하지 않게 된다.

_ 배르벨 바르데츠키, 『너는 나에게 상처를 줄 수 없다』 중에서

자존감을 기르면 자신의 삶도, 인간관계도 모두 건강해진다. 어떤 방법이나 처방이 딱 있다고 말하기는 힘들지만, 많은 책들을 접하고 생각을 하며 그 자체를 알고 치유하기 위해 여러 방법들을 실천하고 노력하는 것만으로도 큰 도움이 된다. 그래도 자신에게 문제가 있다고 생각되면 학교의 상담센터 등을 찾아 이런 문제를 터놓고 해결 방법을 함께 찾아가는 것이 좋다.

자존감이라는 단어를 굳이 쓸 필요도 없이, 나에게 가장 소중한 친구는 바로 '나'라고 생각했으면 한다. 내가 나를 믿고 사랑할 때 내가 원하는 것이 무엇인지도 제대로 알 수 있고, 두려움과 망설임에서 벗어나 도전할 수 있다. 성과도 그만큼 늘어난다. 타인의 잣대와 시선에 흔들리는 것이 아니라 내가 나를 믿고서 하는 것이기에 그렇다.

우리나라 사람들은 어릴 때부터 무한 경쟁에 노출되어 있다 보니 본의 아니게 남과의 비교를 많이 하고 칭찬보다는 다그치는 데 익숙해져 있다. 이런 분위기 때문에 나 자신을 칭찬하고 믿는 것이 굉장히 어색하고 어렵게 느껴진다. 사회에 나가면 상황은 더 심각해진다. 사회생활을 하다 보면 자존감에 상처를 받아 힘들다는 이야기들을 많이 한다. 따라서 일찍부터 자신을 잘 알고 이해하려는 노력이 필요하다.

자신을 너무 몰아치고 다그치지지만 말고 칭찬하는 데도 익숙해져야 한다. 예전에 이런 글을 읽은 적이 있다. 친구가 시험을 망쳤는데 당신은 "이 멍청아, 그것밖에 안 돼?"라고 말하겠냐고. 아마도 "열심히 했지만 안 될 때도 있는 거지, 뭐. 괜찮아"라며 위로할 텐데 왜 자기 자신에게는 그러지 못하고 자책하며 가혹하게 대하냐는 내용이었다. 우리는 다른 사람이 잘해낸 것에는 칭찬을 아낌없이 하면서도 정작 자신이 조그만 실수를 저질렀을 때는 심하게 자책하며 내가 잘한 점들을 제대로 바라보지 않았다. 자기 합리화가 지나쳐도 원하는 바를 얻기 힘들지만, 자신을 그렇게 몰아가고 자책하면 스스로 일찍 지치거나 다른 좋은 점들까지 놓치며 힘든 감정으로 살아가게 될 수 있다. 내가 못한 것보다는 잘한 것에 초점을 맞추고 스스로 다독이며 즐겁고 건강하게 살아가려는 마음가짐이 중요하다.

자존감과 관련된 이야기는 주로 심리학이나 타인과의 관계를 다루는 책에 많이 나오는데, 그런 책들을 보다 보면 '자기 효능감(self-efficacy)'이란 용어를 접할 것이다. 자기 효능감이란 어떤 문제를 자신의 능력으로 성공적으로 해결할 수 있다는 자기 자신에 대한 신념 또는 기대감을 말한다. 내가 잘할 수 있을 것이란 믿음은 수능이나 고시 공부처럼 길고도 힘든 시간 동안 자신을 잘 다독거리고 믿으면서 끝까지 이끌고 가는데 아주 큰 힘이 되어준다.

나 같은 경우 중요한 과제나 시험 등을 앞두고 있을 때면 '시간 누적 관리법'이라는 나만의 방법으로 마음을 다독거리며 자기 효능감을 고취

시킨다. 흔히 '자기 암시'가 중요하다고 하지만 '나는 잘할 수 있어'라는 암시만으로는 사실 잘되기가 힘들다고 생각해왔다. 왜냐하면 본인이 그렇게 암시를 하면서도 제대로 된 준비를 하지 않는 다면, 그것은 마음에서 우러나온 것이 아닌 거짓 암시에 불과하므로 스스로 믿지 못하게 되기 때문이다.

그래서 나는 중요한 일을 앞두고 준비하는 기간 동안에는 그것을 준비하는 시간을 기록하고, 그 기록을 보면서 마인드 컨트롤을 했다. 30분 단위로 내가 정말 그것에 투자한 시간을 다이어리에 매일 기록하면서 기록을 누적하는 것이다. 예를 들어 어제부터 준비를 시작해 어제는 1시간, 오늘은 2시간을 공부했다면 오늘 다이어리에는 '2시간, 총 3시간'으로 기록을 해나갔다. 일정 시간 이상 기록이 누적되면 내가 이만큼 정성을 다했다는 것이 눈에 보여서 결과에 크게 집착하지 않게 된다. 잘되면 당연한 것이고, 잘되지 않더라도 난 최선을 다했기에 후회가 없다는 마음이 들어 결과에 대한 초조함이나 압박감이 적어지는 것이다. 누적 시간들은 내가 열심히 해왔다는 근거가 되어 확신을 심어준다. 물론 이것은 나만의 방법이고 하나의 예일 뿐이다. 여러분도 도움이 되는 자신만의 방법을 꼭 찾아서 실천해보기 바란다.

—

함께 읽으면 좋은 책

너는 나에게 상처를 줄 수 없다 / 배르벨 바르데츠키

칭찬 일기 (나를 치유하는 14일의 여행) / 데즈카 치사코

스님의 주례사 / 법륜 스님

자존감 / 이무석

살아오며 들었던 멋진 충고들

지금까지의 내용은 내가 대학생활을 하면서 스스로 마음을 가다듬고자 정리했던 내용과 후배들의 고민을 상담해주며 들려준 이야기들이다. 이번에는 내가 대학생활을 하면서 들었던 조언 중 내 머리에 깊숙이 박힌 이야기들을 꺼내보려 한다.

때로는 바로 앞을 바라보고, 때로는 멀리 내다보고

나는 재수를 해서 나보다 한 살 어린 친구들과 함께 학교를 다녔다. 지금 보면 스무 살이나 스물한 살이나 거기서 거기이지만 그때는 왜 그렇게도 나이 한 살이 크게 차이 나 보였는지 모르겠다. 당시에는 재수생이 많았기 때문에 한 번에 학교에 합격한 친구들은 나름대로 우월감을 조금씩 갖고 있었다. 자기는 한 번에 합격해서 나보다 1년의 여유가 더 있다는 말을 들었을 때 나는 큰 상처를 받았다. 열심히 공부하며 달려온 지난 1년이 나에게는 소중한 시간이었는데 남에게는 고작 낭비의 시간,

뒤처진 시간으로 평가받은 듯한 기분이 들었기 때문이다.

그런 나에게 한 선배가 이렇게 말했다. "지현아, 1년 빨리 입학하고 1년 빨리 졸업한다고 해서 그 1년만큼 반드시 더 성공하고 잘되는 건 아니야. 만약 그렇다면 지금 세상과 모습은 완전 다르지 않겠니? 앞으로의 인생에서 지금 1년 늦게 시작한 건 그렇게 큰 일도 아니야." 그때부터 선배의 말을 되뇌며 다른 친구들의 말을 흘려 들을 수 있게 되었다. 그리고 1년 늦게 시작했으니 시간을 더욱 알차게 보내자고 다짐도 했다. 시간이 지나고 보니 나보다 1년의 시간을 더 벌었다고 해서 그 시간을 알뜰하게 보낸 사람은 거의 찾아볼 수 없었다. 도리어 1년을 벌었다는 생각에 시간을 함부로 썼는지도 모를 일이다. 입학을 한 지 10년이 지난 지금, 주변의 동문들을 돌아보면 1년이라는 시간의 빠르고 늦음은 논할 가치도 없을 만큼 삶에 아무런 영향도 미치지 못했음을 알 수 있다.

조금 빨리 입학하고 조금 빨리 졸업하는 것은 중요한 문제가 아니다. 내가 어떤 생각을 가지고 주어진 시간을 어떻게 썼는지에 따라 시간의 의미는 달라진다. 살다 보면 당장 내일이 없을 것처럼 오늘 하루에 최선을 다해야 하는 시기, 기회가 오면 아무것도 돌아보지 않고서 일단 붙잡고 봐야 하는 시기가 있다. 하지만 때로는 인생의 끝에 서 있는 듯 자신을 되돌아보며 '괜찮아, 인생이 이렇게 긴데 조급할 필요 없어' 하는 마음으로 자신을 다독이고 재기를 다짐해야 하는 순간이 찾아오기도 한다.

지금 당장 안 되는 일들 때문에 너무 슬퍼하고 좌절할 필요는 없다. 정성을 쏟은 일들은 나중에 또 좋은 기회로 반드시 다가온다. 당시에는 속상하고 힘들었던 일들이 지나고 보면 지금의 가장 좋은 것들이 나에게 찾아오기 위한 과정인 경우도 많다. 조급해하며 서두르지 않기를 바란다. 당신은 무엇이든 할 수 있다는 그 시절, 바로 청춘이기 때문이다.

못 해서 안 하는 것이 아니라 안 하니까 못 하는 것

1학년 기말고사 때 일이다. 10년 전 일인데도 또렷하게 생각난다. 시험 기간에 공부를 하다가 잠시 휴식을 취하며 동기들과 수다를 떨고 있었다. 당시 나는 전공 수업 내용이 무슨 외계어처럼 느껴졌다. 무슨 말인지 이해도 가지 않았고, 무슨 공부를 어떻게 시작해야 할지 몰라 감히 펼쳐보지도 못하고 있었다. 속절없이 시간만 흘러갈 뿐이었다. 어려워서 못 하겠다고 갖은 불평을 늘어놓는 나에게 어느 동기 오빠가 말했다. "못 해서 안 하고 있는 거야? 안 해서 못 하는 거 아니고?" 그때 나는 머리를 한 대 얻어맞은 듯한 기분이 들었다. '내가 어렵고 못 하겠다는 이 상황을 해결하기 위해서 그 어떤 노력이라도 기울여본 적이 있던가? 그저 회피하고 밀어내며 불평만 쏟았던 것은 아니고?' 하는 생각이 들면서 한없이 부끄러워졌다. 그때부터 무엇을 해야 하거나 하고 싶은 것이 생겼는데 엄두가 나지 않을 때면 이런 마음가짐을 가지게 되었다. '그래, 어떻게 해야 하는지 방법은 모르겠지만 어떻게든 끝낼 수 있어. 되게 만들겠어. 해보자!'

사실 대학생 시절에는 수년간 입시 공부로 다져진 말랑말랑한 두뇌와 무한한 체력, 남아도는 시간을 가지고 있기 때문에 조금만 마음을 조금만 먹어도 해낼 수 있는 일들이 많다. 못 하는 것들의 대부분은 '안 해봐서'인 것들이 더 많을 것이다. 어려운 일을 할 때마다 나는 "He can do it, She can do it, why not me?"라는 말을 떠올린다. 내가 하고자 하는 일이 내게는 어렵다 느껴지더라도 주변에서 누군가 이미 했거나 하고 있는 일이라면 나도 대부분 할 수 있는 일인 것이다. 나라고 하지 못할 이유가 있겠는가? 일단은 시작을 하고 보는 도전 정신, 될 때까지 붙잡고 늘어지는 끈기를 가지자. 안 해서 못 하는 것이다. 일단 하면 얻을 수 있다.

> 일을 맡기면 겁부터 내는 사람이 있다. 지금까지 한 번도 해보지 않은 일이라서 그럴 수도 있고, 새로운 일에 대한 막연한 두려움 때문에 그럴 수도 있다. 하지만 잘 생각해보면 세상 모든 일은 새로운 일이다. (중략) 그렇다면 어떤 마음으로 일과 마주해야 할까? 우선 그 일에서 자신은 프로가 될 수 있다는 신념이 있어야 한다. 착각에 가까운 신념이 일을 대하는 자세를 바꿔놓는다.
>
> **_ 이노우에 히로유키, 『생각만 하는 사람, 생각을 실현하는 사람』 중에서**

선택과 집중

꿈이 많고 하고 싶은 게 많다는 것은 엄청난 에너지와 열정을 샘솟게 만드는 원동력이 되기도 하지만 때로는 과도하게 앞선 마음에 일을 그르치는 원인이 될 때도 있다. 대학생활을 하다 보면 종종 마음을 흔들 정도로 멋지게 활동하는 사람들을 알게 된다. 누구는 모의 주식투자대회에서 1등을 하기도 하고, 누구는 마케팅 공모전 입상으로 해외 탐방을 다녀오기도 한다. 또 누구는 창업을 시작해 큰 성공을 거두기도 한다. 그런 이야기를 들을 때면 나도 그 모든 것들을 다 해보고 싶어서 안달할 때도 있었다. 하지만 그런 조급함은 내가 진짜로 그것들을 하고 싶었기 때문이 아니라 그저 남에게 멋지게 보이고 싶은 욕망 때문에 생긴 것이었고, 그들이 해낸 무언가는 내 능력을 잘 발휘할 수 있는 분야도 아니었다. 그 사람들을 부러워하다가 내가 해낸 자랑스러운 것들을 보지도 못한 채 스스로 자책하며 우울해한 시간도 많았다.

이때 내가 들었던 조언은 '하고 싶고 이루고 싶은 것의 범위를 좁히라'는 것이었다. 먼저 선택을 하고, 그 안에서 집중하라는 조언이었다. 선택을 할 때에는 자신만의 확실한 기준이 있는 게 좋다. 이 기준은 자신의 가치관이나 신조에서 비롯된 것이어야 한다. 나의 신조는 '내가 가슴이 벅차오를 수 있는, 돈 주고 살 수 없는 귀중한 경험을 최대한 많이 하며 살아가는 것'이었다. 나는 그 신조에 맞추어 살고자 돈을 벌었고, 하고 싶은 것을 선택했으며, 그에 집중했다. 또한 선택을 할 때에는 남에게 보이려는 것이 아닌, 진정 자신이 원하고 즐거워하는 것인지도 고려해야 한다.

사람은 모든 것을 다 잘해낼 수 없다. 능력도, 시간도, 돈도 한정되어 있기에 언제나 기회비용을 감수하고 선택을 하며 살아간다. 잠깐씩 이것저것 관심 가는 데에 발 한 번 슬쩍 담그는 것으로는 진짜 내 것이 되지 않는다. 진짜 내 것으로 삼고 싶고 만들 수 있는 것을 선택해 깊게 파고 들어가야 한다. 남들과의 비교는 아무 의미 없다. 여러 가지를 건드리다가 아무것도 얻지 못하기보다는 하나를 하더라도 그 하나를 온전히 얻어야 뭐가 남아도 남는 것이다. 그리고 그렇게 해서 내가 얻은 것들에는 꼭 감사를 표하며 성취에 성공한 나 자신을 다독이고 칭찬하는 과정 또한 잊지 말아야 한다. 자신을 자꾸 이것도 못 하고 저것도 못 한다며 몰아가게 되면 결국에는 지쳐서 오히려 아무것도 하지 못하게 되기 때문이다.

우리 주변의 사람들은 자기도 모르게 멋진 말을 할 때가 있다. 간혹 그런 말들이 닫혀 있던 내 생각의 어느 한 부분을 열어주면서 가슴 깊이 다가오기도 한다. 어느 저명한 강사의 강연보다, 그 어떤 고전보다 더 그럴 때가 있다. 그런 멋진 충고들은 오랜 시간이 지난 뒤에도 종종 삶의 방향을 잃고 흔들릴 때 훌륭한 시표가 되어준다. 살다가 무언가 풀리지 않고 혼란스러울 때, 이런 조언과 좋은 말들을 잘 간직해두었다가 꺼내서 곱씹어보자. 그러기 위해서는 마음과 귀를 활짝 열어놓아야 한다. 언제든, 어디에서든, 누구한테든, 그리고 무엇이든 배울 점은 항상 있는 법이니까.

Part 2
학교생활이 궁금하지?

학기 등록, 미리 알아보고 준비하자

학교마다 조금씩 차이는 있지만 보통 1학기는 3월 첫째 주에 시작해서 6월 중순경에 마치고, 2학기는 9월 첫째 주에 시작해 12월 중순경에 끝난다. 학기를 등록하는 시점은 학기 시작 2~3주 전부터라고 보면 된다. 등록금 납부 방법은 크게 직접 납부와 장학금 수여, 학자금 대출로 나눌 수 있다.

직접 납부

요새는 대개 인터넷으로 고지서가 발급된다. 학교 홈페이지에 로그인을 하면 등록 고지서를 출력할 수 있다. 학교에 지정된 은행에서 직접 납부도 가능하고, 가상계좌로 이체 납부도 가능하다. 가상계좌번호는 등록금 납부를 위해 개인별로 부여된 고유 계좌번호인데, 이를 통해 납부할 경우에는 안전한 납부를 위해 수취인이 어떻게 표시되는지 확인하는 것이 좋다.

분할 납부도 가능하다. 학교에서 공지한 일정에 따라 온라인 시스템상으로 분할 납부 신청을 한 뒤, 공시된 기간에 맞춰 등록금 액수의 일부를 차수별로 납부하면 된다. 분할 납부도 마찬가지로 직접 납부와 가상 계좌 납부가 가능하다.

장학금

장학금은 크게 교내와 외부 장학금으로 나뉜다. 거의 대부분의 장학금의 경우 매 학기마다 신청이 필요하므로 수시로 어떤 장학금이 있고 어떤 자격 요건과 서류가 필요한지 체크해야 한다. 학교마다 있는 장학금을 관리하는 부서를 통해 자세한 정보를 얻거나 학교 홈페이지 등의 장학 게시물을 통해 정보를 수집하면 된다.

교내 장학금으로는 성적 장학금, 고시반이나 학군단처럼 학교 생활에 따르는 장학금, 가정 형편이 어려운 학생을 위해 주는 장학금 등이 있다.

외부 장학금의 경우에는 추천과 공개 모집으로 접수를 받는다. 외부 장학재단에서 학교에 추천을 의뢰하면 각 단과대학 장학 담당자의 내부 추천을 통해 선발하거나 학교 홈페이지에 공고를 내고 공개 모집을 한다. 평소에 어떤 장학금이 있으며 어떤 시기에 어떤 자격 요건으로 모집하는지 정보를 수집하고 정리해둘 필요가 있다.

대부분의 장학금은 중복 수혜가 불가능하다. 이를 어길 경우 불이익을 받을 수도 있다. 장학금 수혜에 관해 잘 모르는 부분이 있다면 혼자서 임의로 판단하지 말고 장학복지처 등 학교 부서의 도움을 받도록 하자.

한국장학재단의 장학금과 학자금 대출 제도

국가 장학금과 학자금 대출은 한국장학재단(www.kosaf.go.kr)에서 운영하고 있다. 한국장학재단 홈페이지를 방문하면 국가 장학금과 학자금 대출에 대한 상세한 내용을 볼 수 있다. 이 사이트 역시 등록 직전에만 확인하기보다는 수시로 방문하면서 매년 일정이 어떻게 되는지, 요건을 충족하려면 어떤 것을 준비 또는 유지해야 하는지 체크하는 것이 좋다.

학자금 대출은 등록금을 기본으로 하며, 추가로 생활비도 대출받을 수 있다. 생활비는 필수 사항은 아니며, 대출하는 종류에 따라 신청할 수 있는 금액이 상이하다.

공식 홈페이지에서 학자금 대출 신청을 하고 필요한 서류를 학교에 제출하면 대출에 대한 심사와 승인이 이루어진다. 승인 후에 대출금

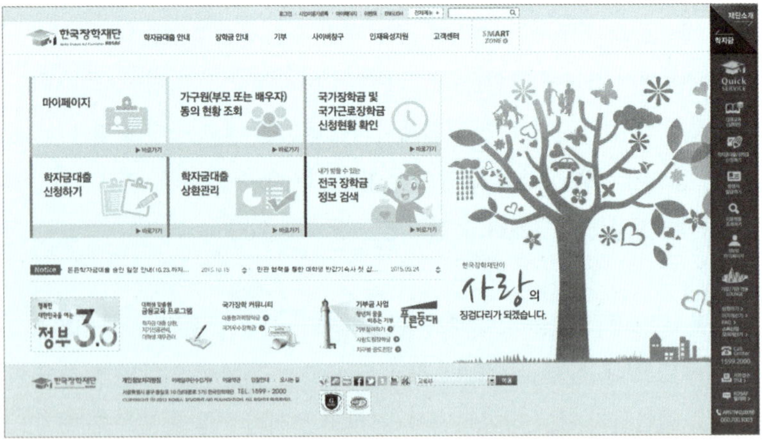

학자금 대출 개요 (출처: 한국장학재단 공식 홈페이지)

- 학자금은 해당 학기 대학이 통보한 등록금 및 학생의 생활 안정을 위한 생활비로 구분
  - 등록금 : 입학금 + 수업료 + 기성회비 등 (기숙사비, 졸업앨범비 등 제외)
  - 생활비 : 숙식비 + 교재구입비 + 교통비 등
  - 생활비는 등록금 대출과 관계없이 별도 대출 가능 (단 등록자에 한함)
- 든든학자금: 소득 8분위 이하 대학 학부생
- 일반학자금: 소득 9분위 이상 대학 학부생 및 대학원생
- 농어촌학자금: 소득분위 무관함, 학부생

한국장학재단 학자금 대출 제도

든든(취업 후 상환) 학자금 대출		일반 상환 학자금 대출		농어촌 출신 대학생 학자금 대출	
등록금 (전액)	생활비 (연 300만 원)	등록금 (한도 있음)	생활비 (연 200만 원)	등록금 (전액)	생활비 (든든/일반)
연 2.7% 변동금리		연 2.7% 고정금리		등록금은 무이자 (생활비는 든든/일반 이용)	
취업 후 소득 발생 시점부터 상환		거치 기간 동안 이자 납부 후 상환		졸업/수료 후 2년 뒤부터 상환	

지급 신청을 하면 등록금은 학교에 납부되고 생활비는 개인 통장으로 입금되는 방식이다.

대출을 신청할 때는 대출의 종류와 거치 기간과 상환 방식을 선택해야 한다. 이때 용어가 다소 헷갈릴 수 있는데, 이에 대해 꼼꼼히 따져보고 현재 자신의 상황에 맞게 선택하는 것이 좋다. 특히 자신이 직접 학자금 상환을 해야 하는 경우 학기 중에 이자와 상환금이 누적되면 큰 부담이 될 수 있기 때문이다. 특히 학자금 이자와 상환 금액이 연체되는 경우에는 다음 학기의 대출에 문제가 될 수 있으니 주의해야 한다.

- **원금 균등분할 상환**

대출 원금(잔액)은 매달 일정액을 상환 기간으로 나누어서 내고 이자는 남은 잔액에 대해서만 지급하는 방식. 즉 매달 납부하는 원금은 같은데 이자는 매달 줄어들며 대출금을 갚는 만기일이 다가올수록 이자 납부 금액이 줄어들게 됨. 이 방식은 매달 갚아야 하는 금액(원금+이자)이 처음에는 많다가 만기일이 가까워질수록 조금씩 줄어드는 형태를 띠고 있음. 보통 모든 조건이 동일할 경우, 원리금 균등분할 상환보다 납부해야 할 전체 금액이 적음.

- **원리금 균등분할 상환**

일정 기간(상환 기간) 동안 매월 같은 금액을 갚아가는 방식. 매월 상환하는 원금은 일정하지만 이자는 초기에 많고 기간이 지날수록 금액이 줄어들게 됨. 상환 기간 동안 매달 납부해야 할 금액이 동일하므로 상환의 편의성은 높음. 보통 모든 조건이 동일할 경우, 원금 균등분할 상환보다 납부해야 할 전체 금액이 많음.

- **거치 기간**

대출을 받은 후 원금을 갚아야 하는 부담 없이 이자만 갚는 기간을 말함. 거치 기간 동안은 대출 원금에 대해 이자만 납부하다가 거치 기간이 끝나고 난 후 원금을 매달 나누어서 갚을 수 있음. 학자금 대출의 경우 졸업 후 취업 등 경제활동을 할 때까지의 시간적 여유를 마련해주기 위해 개인에 따라 최장 10년까지 설정할 수 있음.

(출처: 한국장학재단 공식 홈페이지)

수강신청이 한 학기를 좌우한다

대학교의 1학기는 3월 첫째 주, 2학기는 9월 첫째 주에 시작된다(물론 학교마다 1~2주 정도 차이는 있다). 보통 수강신청 일정은 개강하기 2~3주 전쯤으로 생각하면 된다. 수강신청은 해당 학기의 전체적인 스케줄을 좌우하는 가장 중요한 학사 일정이므로 방학 중에 여행이나 다른 일정이 있더라도 항상 이를 유념해서 날짜를 체크할 필요가 있다.

수강신청을 하기 전에는 학교의 공지사항 안내에서 수강신청 안내문과 수업시간표를 꼼꼼하게 읽어보고 어떤 과목을 시간표에 넣을지 깊이 고민해야 한다.

우선 수강신청 과목은 기초/교양/전공, 이렇게 세 가지로 나눌 수 있다. 기초는 필수 과목으로 졸업 전까지 반드시 이수해야 하는 과목이다. 기초는 다시 선택과 필수로 나뉘는데, 필수는 졸업 전까지 반드시 이수해야 하는 과목이고, 선택은 지정된 일정 학점 이상을 이수하는 범위 내에서 골라 들을 수 있는 과목이다. 기초 과목 같은 경우 보통

1학년 과목으로 정해져 있는 경우가 많은데, 매년 교과 과정이 바뀌면서 인정되는 과목이 없어지거나 인정되는 범위가 달라지는 경우가 있으니 꼭 1학년 때 제대로 수강할 것을 권한다.

교양은 말 그대로 대학을 다니면서 쌓을 수 있는 일반 교양을 위한 과목이다. 그 종류와 범위가 넓고 다양하기 때문에 모든 것을 듣기는 힘들다. 과목 소개를 보고 자신의 관심 분야에 맞는 것을 들어도 좋고, 어떤 것이 유익하고 재미있는지 먼저 수강해본 이들의 추천을 고려해 듣는 것도 좋다.

이런 과목들은 내가 미처 알지 못했던 부분을 한층 더 파고들거나 스포츠댄스·골프 등과 같이 평소 쉽게 배우기 힘든 것들을 배우는 기회로 삼으면 좋다. 그뿐 아니라 같은 과 사람이 아닌 학생들과 함께 교류할 수 있는 장이 될 수도 있다.

나도 대학교 3학년 때 어느 한 교양 수업에서 소중한 인연들을 만났다. 심리와 자존감에 대한 수업이었는데, 이때 처음으로 내 성격이나 힘든 점들이 어디에서 비롯되는지에 대해 제대로 관찰하고 생각할 수 있었다. 그 후로 이쪽 분야에 관심이 생겨 책을 찾아보고 공부하면서 힘든 시기들을 잘 넘기는 데 큰 도움을 얻었고, 아직까지도 연락을 주고받는 소중한 친구들도 그때 만나게 되었다. 뜻하지 않게 내 인생에 꼭 필요했던 배움과 새로운 관계의 만남이 주는 기쁨을 느꼈던 소중한 시간이었다. 교양 과목을 단순히 학점을 채우기 위한 지루한 과정으로 여기지 말고 새로운 기회와 배움의 장으로 받아들였으면 한다.

교양 과목 역시도 핵심과 일반으로 이수가 구분된다. 핵심 교양은 졸업 전까지 일정 기준 학점 이상을 이수해야 하므로 학년마다 기준 달성까지 몇 학점이 남았는지 체크해야 한다.

전공 과목은 핵심과 심화로 구분된다. 전공은 핵심과 심화 모두 일정 과목 이상을 이수해야 한다. 자신의 전공이 아닌 타과의 전공 과목을 수강하는 경우에는 일반 교양이나 기타 학점으로 분류된다는 것도 유념해야 한다. 전공도 모든 과목을 수강하기는 힘들다. 하지만 전공도 들어가보면 세부적으로 분류가 나뉘므로 내가 어떤 쪽에 관심을 좀 더 갖고 있는지 파악해 수강하는 과목들에 연관성을 부여할 수 있도록 안배하는 것이 좋다.

수강신청은 선착순으로 이루어진다. 인기 강좌의 경우 1초 내에 마감되는 경우도 있다. 따라서 내가 원하는 과목들을 선정했다면 과목의 인기도나 수강 인원에 따라 우선순위를 정하고 각 과목의 코드를 미리 정리해두는 것이 좋다. 또 주변에 보면 자기만의 노하우를 확립한 '수강신청의 달인'을 찾아볼 수 있는데, 이런 친구들에게 노하우를 살짝 전수받는 것도 원하는 시간표를 짜는 데 도움이 된다. 꼭 원하는 시나리오대로 시간표를 짤 수 없는 경우도 생기기 때문에 차선책으로 들을 과목들도 미리 정리해두면 좋다.

수강신청에서 놓친 강좌를 꼭 듣고 싶다면 수강신청 정정 기간에 인원이 변경되면서 자리가 생기면 그 틈을 노려보거나 교수님께 직접 해당 강좌를 꼭 듣고 싶은 이유를 정중히 말씀드리며 요청해보는 것도 한 방법이다.

시간표를 짜는 것은 철저히 자신의 재량에 달려 있다. 학기별 최소 학점과 최대 학점을 유념하고, 본인의 목표와 상황에 따라 정하면 된다. 시간표를 짤 때는 내가 일주일에 몇 회 학교에 갈 것인지, 공강 시간은 어떻게 안배할 것인지에 대한 결정도 필요하다. 꼭 주 5일을 학교에 나와 수업을 들을 필요는 없다. 주 3회만 나오는 사람도 있고, 주 5회 학교에 나올 수 있게 시간표를 짜는 사람도 있다. 주 3회를 들으면 학교에 가는 날이 사흘밖에 되지 않으므로 자유 시간이 많아 좋을 것 같지만, 일정한 루틴에서 벗어나서도 자신을 스스로 잘 컨트롤할 수 있는지 생각해봐야 한다. 또 중간/기말고사가 보통 수업 시간에 이루어지므로 시험 기간에 시험이 특정한 날짜로 몰릴 수 있다는 단점이 있다. 본인의 목적과 방향에 따라 잘 결정하기 바란다.

수업 시간 사이의 공강 시간은 최소 30~60분 정도 있는 것이 적절하고, 점심 시간도 잘 고려해야 한다. 가능하다면 강의실간의 동선도 생각하는 게 좋다. 공강 시간도 없이 수업이 바로 이어지는데 강의실이 있는 건물 사이의 거리가 멀다면, 한 학기 내내 초조하게 이동해야 하므로 그 피곤함은 이루 말할 수 없을 것이다.

이 외에도 학점을 획득할 수 있는 방법으로는 사이버 강좌, 여름/겨울 방학의 계절학기, 봉사 프로그램 이수, 학점 교류가 인정된 타대학 강좌 수강, 국내외 현장 실습에 의한 학점 인정 등 다양한 프로그램이 있다. 또한 어학연수의 경우에도 학교에서 인정되는 경우가 있으니 학교의 규정을 알아보고 미리 신청하면 된다(이는 학교마다 규정이 다르므로 각 학교의 학점 관련 공지사항을 다시 한 번 확인해보기 바란다).

수업과 학점,
최소한의 안전장치는 필요하다

학점, 굳이 잘 받아야 할까?

1학년 때밖에 놀지 못한다는 선배들의 말이나 주변 분위기에 휩쓸려 공부를 하는 것이 다소 어색하고 학점을 잘 받아야 할 필요성을 느끼지 못할 수도 있다. 물론 1학년 때부터 도서관에 틀어박혀 학기 내내 공부만 하는 것을 추천하고 싶지는 않다. 하지만 어느 정도 관심을 가지고 챙기는 것만으로도 보통의 학점은 유지할 수 있으니 아예 내려놓지는 않았으면 한다.

지금 당장은 대학원에 갈 필요성도 없어 보이고 학점을 잘 받는다 한들 미래에 보상이 딱히 없을 것만 같다고 생각하면 선부른 판단이다. 20대 초반에서 중반까지는 하루하루가 다르다. 시시각각 생각과 가치관들이 성장하고 변하며 전혀 생각지도 못한 길로 들어서게 되기도 한다. 바로 눈앞의 졸업과 취업만을 얘기하는 것이 아니다. 회사 생활을 하다가 더 깊이 공부를 하고 싶어지거나 진로를 변경하고자 대학원에 가는 학점의 노예가 되라는 말이 아니다. 자신의 가치관에 따라 더 중요하다고 여기는 것을 우선순위로 두되 학점 또한 항상 유념하자는 것이다. 내가 선택할 수 있을지도 모르는 미래의 기회를 미리 차단할 필요는 없다.

경우도 허다하기 때문이다. 그때에도 대학교 졸업 성적이 영향을 미친다. 미래의 나에게 좀 더 넓은 선택지를 주고 싶다면 나만의 안전장치로 좋은 성적을 만들어두는 것이 좋다. 성적이 최소한 인생의 걸림돌은 되지 않아야 한다.

학점의 노예가 되라는 말이 아니다. 자신의 가치관에 따라 더 중요하다고 여기는 것을 우선순위로 두되 학점 또한 항상 유념하자는 것이다. 내가 선택할 수 있을지도 모르는 미래의 기회를 미리 차단할 필요는 없다.

유의할 점은 학점을 잘 받는 것과 공부를 잘하는 것은 그 의미가 조금 다르다는 것이다. 학점을 잘 받으려고 전략적으로 수강신청을 하는 경우를 흔히 볼 수 있는데, 본인의 선택에 달린 문제이지만 되도록이면 본인의 관심사에 부합하고 역량을 쌓을 수 있는 과목을 신청해 듣는 것이 대학생활이라는 소중한 시간을 제대로 보내는 길일 것이다.

수업 중 노트 필기는 이렇게

사실 노트 필기 등 공부 방법은 전공과 과목별로 천차만별이므로 딱 한 가지로 정의하기는 어렵다. 자신만의 스타일과 노하우가 각각 모두 다르기 때문이다. 다음 내용은 성적이 좋은 학생들을 인터뷰해서 수업을 들을 때 중요하다고 생각되는 세 가지를 꼽아달라고 한 뒤 답변을 정리한 것이다.

- 학점이 좋은 학생들 대부분은 앞자리에 앉을 것을 추천했지만, 꼭 그렇게 해야만 하는 것은 아니다. 본인의 성향에 따라 선택하도록 하자. 앞자리에 앉아야 집중이 잘 되는 사람이 있고, 앞자리는 너무 부담스럽게 느껴지는 사람도 있기 때문이다.

- 첫 수업을 시작하면 수업에 대한 간략한 소개를 한다. 배울 내용과 함께 평가의 방식을 설명하고, 수업 도우미를 뽑는 경우도 있다. 수업 도우미는 교수님이 수업을 준비할 때 돕는 역할, 메신저의 역할을 한다. 모든 수업에 있지는 않지만, 수업 도우미를 뽑는다면 이를 지원해보는 것도 좋다. 교수님과 친분을 쌓을 수 있는 계기가 되기도 하고, 플러스 요인이 되는 과목도 있다. 또 도우미라는 책임감 때문에 수업에 더 적극적으로 참여하게 되는 긍정적인 효과도 있다.

- 수업 내용의 필기는 아주 중요하다. 단순히 교재를 읽어보는 것만으로는 이해하기 어려운 개념들도 많고, 전공의 경우 공부의 양이 방대하므로 어느 것이 중요한 부분인지를 알아야 효율적으로 공부할 수 있기 때문이다. 필기가 귀찮아서 수업이 끝나고 스마트폰 등으로 촬영하는 모습을 심심치 않게 볼 수 있는데 이는 그다지 좋은 방법이 아니다. 촬영한 내용을 다시 봐도 이해하지

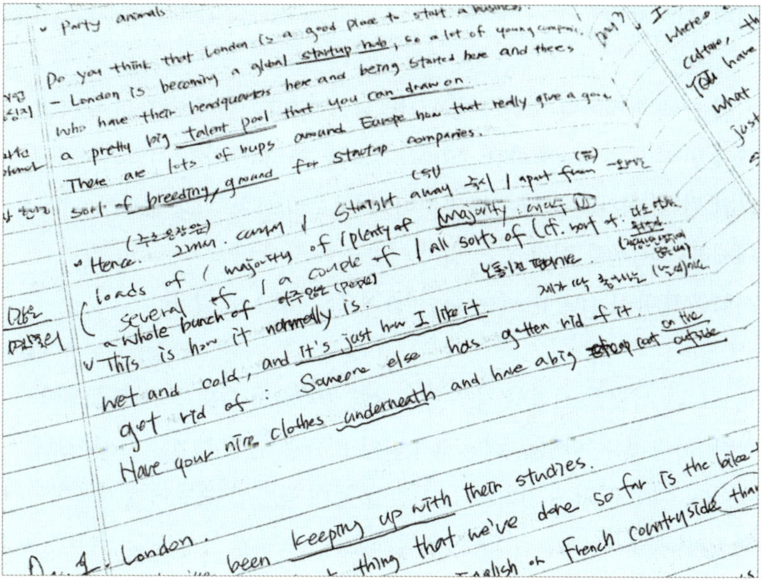

못할 가능성이 더 높다. 이해를 돕고 오래 기억하기 위해서는 내가 직접 써보는 것이 더욱 효과적이다. 내가 중요하고 필요하다 생각한 부분을 쓰기 때문에 나중에 필기를 다시 봐도 그때의 수업 분위기와 함께 기억이 빨리 복구된다. 필기를 할 때 유의할 점은 중요한 부분을 구별해서 잘 체크하는 것, 내가 잘 이해되지 않았던 부분을 나중에 노트를 살펴볼 미래의 내가 이해할 수 있도록 잘 풀어 쓰는 것이다. 필기를 할 때 특정한 형식에 얽매일 필요는 없다. 수업 강의 자료는 대부분 PDF 파일이고, 수업 전에 공유된다. 따라서 꼭 손으로 쓰지 않아도 된다. OneNote 등 편집과 자유로운 표현이 가능한 프로그램을 이용하는 것도 효율적이다. 손으로 썼든 파일로 작업했든 이를 나의 메일이나 클라우드 스토리지에 저장해놓으면 언제 어디서든 손쉽게 접근이 가능해 틈새 시간을 이용해 공부할 수 있다.

대학교의 시험

시험은 매 학기마다 중간고사와 기말고사가 있다. 한 학기가 16주라면 그 절반이 되는 7~8주차가 중간고사, 그 후 15~16주차가 기말고사라고 보면 된다. 평가의 유형은 다양하다. 리포트나 프로젝트, 발표로 대체하는 경우와 실기 또는 필기 시험으로 크게 나눌 수 있고, 필기 시험은 또다시 서술형·주관식·객관식으로 나눌 수 있다.

리포트나 서술형 시험의 경우에는 시험 출제자의 의도를 잘 분석해야 한다. 가장 좋은 방법은 해당 교수님의 논문과 연구 과제들을 찾아보는 것이다. 이런 시험은 천천히 긴 시간을 들여 틈틈이 해두어야 제출할 때 '이런 것을 더 해볼걸' 하는 후회가 없다. 충분한 시간을 들여야 좋은 자료들을 찾은 뒤 잘 소화해서 정리할 수 있기 때문이다.

주관식과 객관식의 경우는 고등학교 시험과 크게 다를 바 없다. 교양 교과목과 같이 범위가 좁고 단순한 암기가 필요한 과목이라면 며칠 전에 준비해도 큰 문제가 없다. 하지만 이공계 전공 수업 같은 경우에는 하루 이틀 만에 풀이를 전부 이해하기 힘든 수식과 개념들이 많고, 그 양 또한 방대하므로 적어도 2~3주 전부터는 본격적으로 문제를 꾸준히 풀어가면서 방법을 익혀가야 한다.

대부분의 학생들이 첫 시험 시작일을 기준으로 2~3주 전부터 본격적인 시험공부를 시작한다. 따라서 과목의 성격이나 학기 초에 설명한 평가의 유형에 따라 평소에 꾸준히 해야 하는 것, 2~3주 전부터 공부해야 하는 것, 단순 암기 과목 등을 분류해 그에 맞게 계획을 세우는 것이 좋다.

공강 시간에는?

공강 시간은 시간표를 어떻게 짜느냐에 따라 짧게는 30분, 길게는 서너 시간까지 있을 수 있다. 졸업생들을 인터뷰한 결과, 공강 시간을 효율적으로 잘 활용한 사람들의 특징은 그 시기에 '확실한 목표'가 있었다는 것이다. 그들은 관심 있는 분야의 공부나 자신만의 작업 등을 하면서 공강 시간을 보냈다. 나의 목표가 외국어라면 틈새 시간을 이용해 외국어를 공부하고, 일정한 독서량이 목표라면 책을 읽는 것이다. 어느 것에도 정답은 없지만, 나만의 목표와 방향이 있다면 남는 시간이 생겼을 때 잘 활용하는 동기가 부여되므로 목표와 방향을 갖는 것이 필요하다.

하지만 어떻게 사람이 매 시간, 매 분초를 빡빡하게 자기계발과 공부만 하면서 살 수 있겠는가. 휴식을 취하고 친구들과 못다한 이야기를 나누는 시간까지 무의미하다고 볼 수는 없다. 오히려 재충전되어 다음 수업에 좀 더 집중할 수 있기도 하다. 다만 스스로 이런 시간이 아깝고 잘 활용해보고 싶다는 생각이 든다면 그 시간을 활용할 수 있도록 동기를 부여해줄 커다란 하나의 방향과 목표가 무엇인지부터 생각해보자.

하는 만큼 얻어 가는 교내 활동

교내에는 학생들이 참여할 수 있는 다양한 활동들이 있다. 대표적으로 동아리, 학생회 등을 들 수 있겠다. 이런 것들은 학업과는 별개로 본인의 취미나 관심사에 따라 사람들과 함께 어울려 활동을 하는 데 의의가 있다. 대표적인 몇 가지를 소개한다.

동아리

중앙 동아리, 단과대학 및 학과 동아리, 소모임 등으로 나눌 수 있다. 중앙 동아리는 학교의 대표 동아리라고 볼 수 있다. 전공에 상관없이 관심 분야가 맞는 사람끼리 모여 활동하며, 매 학기 초마다 신입 부원을 모집한다. 학교마다 차이는 있지만 예술, 교양, 체육, 학술 등 몇몇 분과를 기준으로 다양한 동아리가 존재한다.

오랜 역사를 가진 동아리에서는 학교를 다니면서 만나기 힘든 고학번 선배들과의 교류가 가능하다. 또 타대학에도 공통적으로 존재하는 동아리는 대개 '연합 모임'이 따로 있다. 이런 경우 전국 혹은 권역별 단위로 타대학 동아리 부원들과의 교류하는 행사가 진행되기도 한다. 다양한 전공과 학번이 모여 있어서 교내에서 가장 다양하게 사람을 접할 수 있는 장이 되기도 한다.

단과대학이나 전공별로 중앙 동아리와는 별도의 동아리가 있는 경우도 있다. 주로 같은 전공, 단과대학 사람들이 취미를 기반으로 모이는 것이기 때문에 같은 과 또는 학부의 선후배들과 친해지는 데 도움이 된다. 소모임 같은 경우 정식 동아리로 승인받지는 못했지만 취미나 관심사를 기반으로 사람을 소규모로 모아 활동하는 것을 말한다.

학생회

학생회는 학생의 대표 기구로 총학생회, 단과대학 학생회, 학과 학생회로 구분된다. 학생들은 모두 총학생회의 일원이며, 각 단과대학 및 학과에서 선출된 대표들과 동아리 대표들이 학생회를 운영하는 집행부를 구성한다. 대표들은 각 집단을 대표해 학생총회, 운영위원회, 전학대회 등을 통해 학생들을 대변하고 학교와 의사소통하여 각종 복지, 제도, 시설에 대한 사항을 협의한다.

학회/연구회

학회나 연구회는 전공 수업보다 좀 더 심화된 공부를 위해 만들어진

모임이다. 따라서 대부분 전공 기반으로 만들어진다. 친목 모임으로 전락하는 경우도 있지만, 꾸준한 세미나와 연구를 통해 실제 산출물을 만들어냄으로써 각종 대회 수상 및 창업으로 이어지는 경우도 많다.

스터디

특정 목적을 가지고 단기적으로 운영하는 공부 모임이라고 보면 된다. 주로 전공보다는 영어나 자격증, 취업을 목적으로 이루어진다. 일정한 곳에서 운영하는 단체가 아니며 각 개인이 자신이 원하는 공부 목적과 방법, 인원, 장소 등을 정해 커뮤니티를 통해 모집한다. 스터디는 교내뿐 아니라 교외의 커뮤니티, 카페에서도 활발히 이루어진다. 특히 방학이나 휴학 기간 때 혼자서 공부하는데 마음이 잘 잡히지 않는다면 스터디를 구성해서 함께 공부하고 도움을 서로 주고받는 것도 좋은 방법이다.

기타 학교에서 주관하는 활동

대표적인 것으로 대학 홍보대사를 들 수 있다. 그 밖에도 학교를 홍보하거나 이미지 제고, 아이디어 창출을 위해 여러 성격의 단체 활동을 학교에서 직접 운영하는 경우가 많다. 이런 활동은 학교의 각 기관에 대해 상세히 알고 교내의 다른 학생들뿐 아니라 교직원들과도 친해질 수 있는 기회가 될 수 있다. 학교와 학생이 윈윈(win-win) 할 수 있는 좋은 활동이다.

요즘에는 스펙 쌓기, 학업 등을 이유로 동아리 가입, 학생회 활동을 꺼리는 추세다. 하지만 영어나 취업에 도움이 될 만한 곳들은 붐비기도 한다. 취미가 기반이 되는 활동조차 취업으로 연결되는지를 기준으로 판단하는 것이다. 적어도 1~2학년 때만큼은 취미를 충분히 즐기고 관심사에 직접 참여해볼 수 있는 활동을 해보라고 권장하고 싶다. 대학생활의 또 다른 재미를 알아갈 수 있고, 또 다른 좋은 기회를 만날 수도 있기 때문이다. 특히 취미활동의 경우에는 개인이 혼자서 파고 드는 것보다 동아리를 하면서 배우는 것이 득이 되는 경우가 많다. 혼자서 구입할 수 없는 고가의 장비, 혼자서는 할 수 없는 활동들이 동아리에서는 가능하다.

대부분의 동아리는 1학년의 신입 생활을 거쳐 2학년이 주된 운영을 하며 이끌어가고, 3~4학년은 서포트를 해주는 방식으로 운영된다. 내가 대학생 때 활동하던 동아리는 산악부였다. 매주 주말마다 1박 2일로 산행을 했기 때문에 주말 시간을 거의 다 쏟아야 했다. 특히 부장이 되고서는 주 1회의 회의, 주말 등반을 미리 준비하는 일들로 상당히 많은 시간을 써야 했다. 하지만 시간이 없다는 말과는 다르게 부장을 맡는 사람들은 대부분 그 해당 학기의 성적이 지금까지의 학점 중에서 가장 잘 나오고는 했다. 그에 대해서 부원들과 이야기를 나눈 적이 있는데, 다들 시간이 부족하다는 생각에 오히려 조금이라도 남는 시간을 더 알차게 보내려 노력한 결과라는 것을 깨달았다. 뒤늦게 이런 활동들을 맛보지 못했다는 후회가 남지 않도록 그 나이와 학년에 할 수 있는 일들을 최대한 많이 경험해보기 바란다.

학교 시설과 프로그램을 100배 활용하라

대학교에서는 학생들의 편의와 역량 강화를 위해 여러 시설과 프로그램들을 운영하고 있다. 조금만 관심을 가져도 나에게 정말 유용한 것들이 많다는 점을 느낄 수 있을 것이다. S군은 실제로 이런 점들이 졸업 후에 가장 아쉬웠다고 한다. 학생 때부터 차근차근 창업에 대한 뜻을 키워온 S군은 현재 교육과 IT 분야의 사업을 진행하고 있는데, 학생들을 위한 창업 컨설팅 등 지원 프로그램에 대해 미리 알았더라면 도움을 받고 배울 수 있는 부분이 참 많았을 텐데 이런 것이 있다는 사실을 졸업 이후에 알게 되었다는 것이다. 이런 것들은 누가 붙잡고 하나부터 열까지 가르쳐주지 않기에 자신이 직접 어떤 것들이 있고 무엇을 활용할 수 있는지 찾아봐야 한다.

각 학교별로 운영하는 시설과 프로그램들은 다소 차이가 있다. 그 중에서도 대부분의 학교에 공통적으로 있는 것들을 위주로 뽑아 정리해봤다.

도서관

학생이라면 누구나 한 번쯤, 아니 학교를 다니면서 가장 자주 이용하는 학교 시설일 것이다. 대부분 학교에는 가장 규모가 큰 중앙 도서관이 있고, 그 외에 단과대학별 도서관 또는 특수한 다른 목적으로 세워진 도서관이 있다. 중앙 도서관에서는 주로 도서 열람 및 대여, 각종 학술 정보와 논문 조회 등을 할 수 있다. 도서관에 없는 책이 필요한 경우에는 도서를 요청할 수도 있다. 사유와 함께 접수하면 도서관 측에서 책의 구매 필요성을 판단해 구입한다.

공부를 할 수 있는 공간인 열람실은 중간과 기말 고사 2~3주 전부터 자리가 가득 차고는 한다. 요새는 평소에도 자기계발을 위한 공부나 각종 자격증, 시험 대비 공부를 하는 학생들이 많기 때문에 학기 중이나 방학 때에도 빈자리를 찾기 힘들 때가 많다. 혼자 하는 것보다 다수의 사람들이 공부하는 분위기 속에서 함께하면 끈기 있게 자리에 앉아 공부하는 데 많은 도움이 된다. 그 밖에도 도서관에는 PC룸이나 세미나실, 스터디룸, 휴게실 등 부대 시설이 갖추어져 있다.

인재 개발 및 취업 지원 관련 센터

학생들의 진로 상담 및 취업에 관련된 행사를 지원하는 기관이다. 진로 상담·컨설팅·교육 등을 지원하고, 취업 박람회·기업 설명회와 같은 행사 진행을 담당하며, 취업 준비생들을 대상으로 특강이나 컨설팅 프로그램을 진행하기도 한다. 이때는 실제 기업의 인사 담당자들이 진행하는 경우가 많기 때문에 취업 준비에 실질적인 도움이 된다. 채용 정보도 여기에서 수시로 업데이트되고 기업의 학교별 추천 채용 제도도 관리하고 있으므로 취업 시즌 때 자주 들러 정보를 꾸준히 수집할 필요가 있다.

상담 센터

심리검사와 개인 상담 등을 진행한다. 각종 성격 및 심리검사는 자신의 현 상태와 성향을 파악하는 데 도움이 된다. 상담은 어떤 목적을 가지고 특정 문제에 관해 주기적으로 대화함으로써 자신의 문제점을 객관적·다각적으로 바라보며 해결할 수 있는 방법을 찾아나가는 과정이다. 심리적으로 도움이 필요할 경우 적극 이용하기를 권장한다.

사회봉사단

대부분의 학교들은 사회봉사를 교양 과목으로 두고 있거나 졸업 전에 일정 학점 이상 이수해야 하는 필수 과목으로 지정하고 있다. 사회봉사단은 이런 과목을 관리하고 학생들이 참여할 수 있는 다양한 봉사활동 프로그램 정보를 업데이트한다. 또한 학교 자체적으로도 해비타트나 해외봉사 등의 프로그램을 운영하기도 한다.

어학원

어학원 또는 어학당은 외국인 학생들의 한국어 교육과 본교 학생들의 외국어 교육을 담당하는 기관이다. 외국인 학생과 본교 학생들과의 문화 교류 및 언어 교환 프로그램을 운영하기도 하는데, 이를 잘 활용하면 외국인 친구와의 좋은 인연을 맺거나 언어 교환을 통해 어학에 좀 더 흥미를 붙일 수 있는 계기를 만들 수 있다. 본교 학생들을 위한 외국어 강의나 캠프 등의 프로그램은 시중 학원보다 저렴한 편이다. 그리고 학교 안에 위치해 있어 접근성이 좋으므로 학기 중에도 수업 시간에 영향을 받지 않고 수강할 수 있다는 장점이 있다.

기타

- 과방

해당 학과의 학생들이 자유롭게 머물며 휴식을 취하고 동기 및 선후배들과 교류할 수 있는 공간이다.

- 강의실 대여

학생들의 강의실 대여가 가능한 건물들이 있는데 과 사무실에 문의하면 정규 수업 시간 이후에 사용할 수 있는 강의장을 대여할 수 있다. 교내 모임이나 스터디를 할 때 유용하게 이용할 수 있다.

- 각종 세미나

교수학습법센터 같은 곳에서는 학생들을 위한 특강을 종종 진행한다. 또 대학원이 있는 학교에서는 외부 청강이 가능한 오픈 세미나를 진행하기도 한다. 그 밖에도 각종 기관·부서에서 마련하는 초청 특강도 있다. 교내에서 듣는 세미나들은 대부분 무료인 데다가 강의의 질 또한 높은 편이다. 자신의 관심 분야를 잘 찾아 들으면 큰 도움이 된다.

- 글로벌 탐방 프로그램

특정 주제를 가지고 해외를 탐방하는 프로그램이다. 교통 경비와 체류비를 지원해주기 때문에 주제에 대한 심도 있는 공부와 더불어 여행도 할 수 있는 일석이조의 장점이 있다. 프로그램의 유무나 운영 방식은 학교마다 다를 수 있다.

학교마다 운영하는 프로그램이나 시설이 다르므로 최대한 공통적으로 운영될 법한 것들만 몇 가지 추려서 소개했다. 교내의 좋은 프로그램들은 꼭 한번 참여해볼 만하다. 학교에서 학생들의 역량 개발을 위해 운영하는 프로그램이므로 그 서비스의 질이 매우 높은 편이다. 그리고 본교 학생들만을 대상으로 하기 때문에 참여할 때 경쟁률이 낮은 것도 하나의 장점이며, 교내의 다양한 사람들을 만나는 또 하나의 기회가 되기도 한다.

학교의 시설과 프로그램을 잘 활용하려면 일단 무엇이 어디에 있는지 알아야 한다. 학교 홈페이지를 꼼꼼하게 들여다보면 어떤 기관과 시설이 있고 매년 어떤 프로그램들이 어떤 시기에 어떻게 진행되는지 알 수 있다. 선배에게 도움이 되었던 유용한 프로그램과 시설이 무엇이었는지 물어보는 것도 좋은 방법이다.

여기에 살짝 덧붙여 학교 안에 자신만의 아지트를 만들어보라고 추천하고 싶다. 공강 시간처럼 남는 시간에 내가 머물기에 편한 장소, 내가 무언가를 하기에 최적화된 장소들을 나만의 동선으로 만들어보는 것이다. 예를 들면 나는 공강 시간이 길어질 때는 동아리

방을 십분 활용했다. 잠시 휴식을 취하기도 하고 과제를 하기도 했다. 졸업 즈음해서는 학교에 새로 생긴 건물에 PC 룸이 생겼는데, 위치도 구석지고 새로 생긴 곳이라 사람이 많지 않았다. 당시 노트북이 없었던 나는 자기소개서라든지 기타 발표 자료를 만들 때 그곳에서 유용한 시간을 보내고는 했다. 익숙한 나만의 장소라는 생각에 집중도 잘 되고 마음도 편안해졌던 기억이다.

나만의 최적화된 장소, 아지트를 만들면 남는 시간을 편안하고 유용하게 보낼 수 있다. 요새는 캠퍼스 내에서 대부분 무선 랜을 쉽게 이용할 수 있고, 카페 같은 공간이 많이 생겨서 시간을 활용하기에 좋을 것이다.

교내의 시설과 프로그램을 잘 활용하는 것만으로도 시간을 좀 더 알차게 보낼 수 있다. 때로는 나의 역량을 한층 성장시키는 계기가 되기도 한다. 학교에 애정과 관심을 갖고 나만의 최적화된 캠퍼스 라이프를 즐겨보자.

방학, 의미 없는 시간은 없다

대학의 방학은 약 10~11주 정도 된다. 초·중·고등학교 시절 한 달 남짓 짤막한 방학을 보내다가 이제는 다소 긴 방학 기간을 맞이하는 것이다. 이 시기에는 학교 수업이나 시험 등 일과에 대한 부담이 줄어들어 평소에 하지 못했던 것들을 좀 더 다양하고 깊이 있게 해볼 수 있다.

'어떻게 하면 방학을 알차게 보낼 수 있을까?'하는 문제는 우리가 초등학교 1학년 여름방학 때부터 늘 직면해온 이슈다. 초등학생 시절에는 동그란 파이 모양의 계획표를 만드는 것이 방학 전에 으레 하는 의식과도 같았다. 중·고등학생 때는 방학 숙제나 보충수업에 치이다 보면 정작 나만의 시간은 얼마 되지 않는 경우도 많았다. 그렇게 지내오다가 이제는 혼자서 결정하고 자유롭게 보낼 수 있는 시간이 생기니 무엇을 해야 할지 당황하게 되는 것이다. 하지만 대학교에서 맞는 방학이라는 시간 동안 꼭 무엇을 어떻게 해야 하고 이루어내야 한다는 강박관념은 갖지 않았으면 한다. 초등학교 때 세웠던 동그라미 일일 계획표처럼 매 분마다 정확하게 스케줄을 지키는 것은 생각만 해도 숨이

막힌다. 각자의 목표에 맞게 하루의 스케줄을 그날그날 계획하고 휴식도 취하며 의미 있는 방학을 만들어가면 된다.

방학 내내 드라마나 영화를 보거나 밤새 인터넷에 빠져 이른바 '폐인' 생활을 한다고 해서 누구 하나 당신을 탓하지는 않을 것이다. 나만 그런 생활을 지속하다가 어느새 방학을 다 보낸 학생들을 보면 대부분 깊이 후회하며 자책하고는 한다. 주변의 누군가는 무언가를 하고 있었는데 나만 하릴없이 시간을 보냈다는 불안함과 자책감, 그리고 다음 학기에 대한 부담 때문이다. 하지만 만약 그런 시간을 보냈다 하더라도 괜찮다. 한 번쯤 그런 시간을 겪고 나면 시간의 소중함도 알게 되고 무한정 쉬는 것만이 꼭 편한 게 아님을 뼛속 깊이 깨달을 수 있기 때문이다. 다음 방학 때는 좀 더 의미 있게 보내기 위해 사전 준비를 더 충실히 하는 계기도 될 수 있다. 20대의 시간에는 무엇을 하든 의미 없는 시간이란 절대로 없다.

10주라고 하는 기간은 길다면 길지만 많은 것을 하기에는 조금 부족한 시간일 수도 있다. 너무 많은 계획과 목표를 무리하게 세워서 결국 아무것도 건지지 못한다면, 아무것도 안 하고 빈둥빈둥 시간을 보낸 것과 마찬가지로 허무함을 느끼게 될 것이다. 목표가 단 하나더라도, 설사 그것이 아주 작은 것이라 하더라도 마음대로 달성하기는 쉽지 않다. 너무 욕심부리지 말고 한두 가지 목표를 정해 노력해보자. 졸업할 때까지 여덟 번의 방학을 맞는데, 그 방학 동안 하나씩만 해내도 여덟 개의 목표를 이룰 수 있다. 시간이 많이 걸리는 것 같아도 이렇게 하나씩 이루는 것이 더 남는 길이다.

방학 때 이루고자 설정하는 목표는 개인의 가치관과 성향, 상황에 따라 다를 것이다. 다음 학기를 위해, 혹은 다른 하고 싶은 것을 위해 아르바이트를 하며 돈을 모을 수도 있고, 시험이나 자격증을 목표로 공부를 할 수도 있다. 여행을 다녀오기도 하고, 운동을 집중적으로 하며 다이어트에 초점을 맞추는 학생도 있다. 전공에 대한 부담감이 있다면 이를 미리 보완하기 위해 공부를 하기도 한다. 방법과 목표는 다양하더라도 나에게 가장 필요한 게 무엇인지 우선순위를 산정하는 것이 중요하다. 다 중요해 보이고 전부 다 지금 당장 시작해야 할 것 같지만, '이 중에서 딱 한 가지만 할 수 있다면?'이라는 가정하에 우선순위를 정해보도록 하자. 이런 목표는 되도록 학기 중간고사 이후부터 미리 생각하는 것이 좋다. 방학 때 시작되는 대부분의 활동은 1~2개월 전에 모집이 마감되는 경우가 많기 때문이다.

나는 하고 싶은 것, 해야 하는 것이 너무 많아서 목표를 지나치게 많이 세우는 바람에 이도 저도 못 이룬 방학을 보낸 때가 많았다. 또 열심히 해서 한두 개의 목표를 잘 달성했는데도 그에 대한 뿌듯함보다는 다른 못 이룬 목표들 때문에 자책하며 우울한 시간을 보내기도 했다. 나와 같은 우를 범하지 말기를 바란다. 작은 목표를 정해서 달성하기 위해 노력해서 끝까지 달성했다면 그런 자신을 스스로 칭찬하고 다독여야 지치지 않고 다음 길을 갈 수 있다. 방학에 다음과 같은 활동에 도전해보자.

- **아르바이트**

가게에서 서빙을 하거나 학생을 가르치는 과외 등을 흔히들 하지만, 잘 찾아보면 다양한 아르바이트가 많이 있다. 계절에 따라 리조트 같은 곳에서 한두 달간 숙식을 하며 돈을 벌기도 하고, 근로장학생으로 근무하기도 한다. 모으고 싶은 목표 금액을 정하고 그에 맞게 시간을 조정하는 것이 중요하다.

- **여행**

국내외로 여행을 한번 쯤은 떠나기도 한다. 자신만의 독특한 여행을 해보고 싶어 무전여행이나 도보여행을 하는 학생들도 있다.

- **대외활동**

방학 동안 이루어지는 대외활동은 보통 학기 중에 모집이 마감되니 미리 알아보고 신청해야 한다.

- **공부**

영어 공부와 각종 자격증 취득이 대표적이다. 학원을 다니기도 하고, 스터디를 구성해서 진행하기도 한다. 전공 공부에 부족함이 느껴지는 경우 기초를 다지기도 하고, 좀 더 깊은 공부를 하기 위해 직장인들로 구성된 스터디에 참여하기도 한다.

- **취미 생활**

평소에 시간이 없어 하지 못했던 취미 활동을 더 깊이 배우며 매진하는 경우도 있다.

- **계절학기**

재수강을 통해 성적 상승을 노리거나 다음 학기의 부담을 미리 줄이기 위해 계절학기를 수강하기도 한다.

- **인턴 및 업무**

인턴은 보통 3~4학년 학생을 대상으로 모집한다. 창업을 하거나 스타트업(벤처) 기업에서 실무 경험을 쌓는 학생들도 있다.

휴학, 스스로 선택하고 결정하자

대학생활을 하다 보면 누구나 한 번쯤은 휴학을 고민하는 시기가 온다. 휴학을 하는 이유야 천차만별이니 '이럴 때 휴학을 해야 한다' 같은 매뉴얼은 없다. 대학생들이 질문을 하거나 심경을 토로하는 인터넷 커뮤니티를 보다 보면 휴학에 대한 고민이 대학생활에서 차지하는 비중이 꽤 크다는 것을 알 수 있다. 휴학 기간 동안 어떻게 시간을 보낼지, 혹시나 이 결정이 나중에 잘못된 결과로 이어지지 않을지 두려움이 큰 것이다. 대표적인 고민들 중 몇 가지를 짚어보자.

Q1. 휴학을 하면 그만큼 나이를 더 먹고 졸업하게 되는데 취업에 불이익은 없을까?

요즘 신입 사원들의 평균 연령대가 점점 높아지고 있다. 취업이 한 번에 되기 어려운 상황과도 관련이 있겠지만, 과거와는 달리 졸업 예정자를 뽑는 게 아니라 기존 졸업자까지 포함해 뽑는 추세이기 때문에 일어나는 현상이다. 따라서 휴학으로 졸업이 어느 정도 늦추어지는 것은 크게 문제되지 않는다.

재수 또는 삼수를 하는 등 여러 이유로 졸업할 때의 나이는 다들 다를 수밖에 없다. 고등학교를 졸업하자마자 대학에 입학해 한 번도 휴학하지 않고 졸업하는 경우와 1~3년 정도 차이 나는 사람들은 수두룩하다. 나이가 한 살 더 어리다고 해서 취업에 특별히 유리한 것도 아니다. 20대 초반에는 1년 차이가 크게 느껴지겠지만, 사회생활을 1년 더 빨리 또는 늦게 시작한다고 해서 그 결과까지 그만큼 차이가 나는 것은 아니다. 하고 싶은 것이 확실히 있다면, 그리고 자기만의 이유가 있다면 그런 두려움은 갖지 않아도 된다.

—

Q2. 전공으로 들어서면서 다음 학기가 마냥 부담스럽고 1~2년 다니고 나니 좀 지치는 것도 같다. 주변에서는 시간 낭비하지 말고 빨리 졸업부터 서두르라고 하는데……

1학년 때는 모든 것이 시작이기 때문에 다 새롭고 신기하며 즐겁다. 하지만 한 학기에서 1년 정도 지나면 그런 것도 이내 익숙해지며 슬슬 싫증이 나기 시작한다. 더 이상 새롭지 않은, 나의 일상이 되었기 때문이다. 또 1학년 때 듣는 과목들은 대부분 기초 과목이기 때문에 큰 어려움이 느껴지지 않지만, 전공에 들어가면 갑자기 큰 부담을 느낄 수 있다. 이는 매우 자연스러운 현상이다.

단순히 지치고 전공이 부담스러운 마음에 휴학을 하겠다고 하면 주변에서는 으레 반대할 것이다. 하지만 나는 정 그렇다면 잠시 쉬어가도 괜찮다고 얘기해주고 싶다. 우리나라는 경쟁 사회이기 때문에 남들보다 빨리 많은 것을 성취해야 하고 앞서 나가야 한다는 마인드를 대부분 갖고 있다. 하지만 사람이란 존재가 어디 기계처럼 쉴 새 없이 움직일 수 있는 것인가? 기계라 할지라도 쉬는 시간이 없다면 과열되어 언젠가는 고장 나고 말 것이다. 그런 부담이 가득한 상태로는 다음 학기에 제대로 임한다는 보장도 없다.

휴학을 하고 재정비의 시간을 갖는 것도 괜찮다. 꼭 특정한 목표가 없어도 된다. 하지만 시간을 그냥저냥 흘려보내면 시간만 지나갈 뿐 다음 학기에 대한 부담은 변함이 없을 것이다. 따라서 다음 학기가 부담스러운 이유는 무엇인지, 미리 준비를 어떻게 해두면 그 마음의 부담을 줄일 수 있을지 생각해보고 부담의 원인을 내려놓는 것도 좋은 방법이다.

여러분은 성인이다. 스스로 선택하고 판단할 권리를 충분히 가지고 있다. 그에 대한 책임만 스스로 질 수 있으면 된다. 주변의 시선과 의견에 좌지우지될 필요 없다. 지금 나에게 무엇이 필요한가를 잘 생각해보면 나에게 맞는 답이 나올 것이다.

Q3. 휴학하는 동안 무엇을 하면 좋을까?

앞에서 말했듯이 대학생활 동안 해보고 싶은 것, 이루고 싶은 것들에 대해 평소 꾸준히 생각하고 정리해왔다면, 그 중에서 어떤 것을 하면 좋을지 쉽게 찾을 수 있을 것이다. 만약 그런 준비가 되어 있지 않다면, 다양한 사람들을 찾아보고 만나면서 그들은 어떤 생각을 하고 어떤 것들을 하는지 직접 들어보기 바란다.

내가 대학생활 동안 직접 했거나 보고 들은 것, 이번 책을 쓰기 위해 인터뷰를 하면서 선배들에게 휴학하는 동안 무엇을 했는지 물었을 때 들은 답변들은 다음과 같았다.

- **어학 실력 향상**

어학연수, 워킹 홀리데이, 장기 워크캠프 참가, 학원 수강과 스터디 등으로 어학 성적을 올리는 것을 목표로 함.

- **인턴 활동**

학점 인정이 되는 인턴 활동이나 해외 인턴 프로그램 등에 지원해서 활동함. 스타트업 회사에서 일하는 경우도 있음.

- **대외활동, 공모전**

평소 하고 싶었지만 학교를 다니며 병행하기는 부담스러웠던 대외활동에 지원하고 활동함. 하지만 재학 중일 때만 가능한 대외활동도 있고, 무턱대고 하기보다는 정말 해보고 싶고 관심 있는 것을 잘 추려서 선택할 필요가 있음.

- **아르바이트**

다음 학기의 생활비가 부족해 돈을 버는 경우도 있고, 여행이나 다른 하고 싶은 것들이 있어서 목돈을 모으고자 아르바이트를 하기도 함. 목표 금액이 확실해야 쓸데없는 데 돈이 나가는 것을 줄일 수 있음.

- **여행**

대학생활의 꽃, 여행을 장기간 다녀오는 경우도 있음.

- **배움 또는 취미에 매진**

학기 중 또는 방학만으로는 시간이 부족하다고 생각되는 취미에 매진하거나 관심 분야에 대해 공부하고 싶었던 것들을 배움.

- **공부**

고시와 같이 오래 공부해야 결과가 나오는 시험을 진로로 선택한 경우.

- **기타**

후회 없는 대학생활을 위해 '1년 동안만큼은 내가 해보고 싶었던 것들 다 해보기'를 목표로 버킷리스트를 작성해서 직접 실천한 경우도 있음. 직장인이 된 지금 돌아보니 그때의 시간이 있어 대학생활에 대한 아쉬움과 미련이 없는 것 같다고 함. 평소 생각해왔던 아이디어로 창업을 시작한 경우도 있음. 요즘은 청년 창업 지원 프로그램이 잘 마련되어 있어 사업에 관심이 있다면 대학생 때 미리 도전해보는 것도 큰 도움이 된다고 함.

어떤가? 정말로 천차만별이지 않은가. 이 많은 사례들이 다 좋아 보인다 하더라도 시간과 능력, 돈이라는 자원은 한정되어 있으므로 신중히 선택하고 계획하기 바란다. 휴학은 보통 1년을 많이 한다. 이유는 1학기와 2학기에 개설되는 과목들이 각각 다르기 때문에 균형을 맞추기 위해서다. 1년 휴학의 경우 방학도 앞뒤로 포함되어 있기 때문에 총 기간은 대략 14~15개월 정도 된다. 무언가를 해보기에 충분한 시간이다.

방학과 마찬가지로 너무 빡빡하고 무리한 계획을 세우기보다는 실현 가능한 목표를 최소한으로 잡고서 이루어내기 바란다. 남이 어떻게 휴학 생활을 했는지 신경 쓰고 스트레스를 받을 필요는 전혀 없다. 다른 이가 어떻게 시간을 보냈는가는 내 생활에 아무런 영향을 주지 않는다. 휴학 기간을 끝마쳤을 때 좋은 기분으로 새로운 학기를 시작할 수 있을 정도로 시간을 보냈다면 그보다 더 좋은 것은 없을 것이다.

설사 아무것도 하지 못해서 후회만 가득한 시간을 보냈다면, 그래도 충분한 휴식을 취한 것에 만족하고 생각과는 달리 제대로 시간을 쓰지 못한 이유가 무엇인지 생각해보면서 다음 학기를 더 열심히 시작하는 계기를 만들면 된다.

지난날 어떤 선택을 해왔든 의미 없는 일이라는 것은 없다. 누구든 시행착오를 겪기 마련이다. 현재 내가 할 수 있는 한 최선을 다해 결국에는 내가 원하는 것을 이룬다면, 그렇게 보냈던 시간까지도 의미 있는 시간이 될 것이다. 무엇이 되었든 스스로 생각해서 선택하고, 그 선택에 대한 책임을 지며, 남과 비교하기보다는 나를 좀 더 보듬어주는 것이 중요하다.

용돈과 아르바이트, 상황에 맞추어 판단하라

대학생활 하면 빼놓을 수 없는 것 중 하나가 아르바이트 아닐까? '아르바이트 꼭 해야 할까요?'라고 묻는다면 나는 '당신의 상황과 가치관에 맞춰서'라고 답해주고 싶다.

우선 상황에 따라 아르바이트를 피치 못하게 꼭 해야 하는 학생과 선택할 수 있는 학생으로 나눌 수 있을 것이다. 아르바이트가 선택이 아니라 필수인 학생의 경우 감당해야 하는 비용이 얼마인지에 따라 아르바이트를 하는 범위가 달라진다.

가치관이라고 함은 성인이 되어서도 부모님에게 손을 벌리는 것이 적절치 못하다고 생각하는 경우 등을 말한다. 상황에 따라 자신이 직접 모든 비용을 벌어 생활하는 학생들도 있고, 여행과 같이 일반적인 생활이 아닌 자신의 선택에 따라 부가적으로 들어가는 비용을 벌기 위해 일하는 학생들도 있다.

정답은 없다. 항상 자신의 상황과 가치관에 따라 그때그때 적절히 필요한 대로 생활을 해나가면 된다는 게 내 생각이다. 고시와 같이 공부에 전념해야 하는데 굳이 부모님의 지원을 뿌리치고 공부할 시간에 돈을 버는 것도 어리석은 일이고, 아르바이트가 나에게 있어서는 선택이 아니라 필수라는 사실에 지나치게 기죽고 좌질할 필요도 없다.

나 같은 경우는 아르바이트가 필수인 학생이었다. 나에게 들어가는 모든 비용을 내가 벌면서 학업을 이어가야 했다. 통신비, 교통비, 식비, 학자금 대출 이자와 원금, 전공 교재부터 부수적으로 들어가는 것들까지 내가 모두 감당해야 했다. 처음에는 무척 두려웠던 기억이 난다. 내가 정말 이 학교를 무사히 졸업할 수 있을까 하는 두려움이 항상 나를 따라다녔다. 또 이 세상을 살아가면서 내 한 몸 부지하는 데 드는 돈을 번다는 것이 얼마나 어려운지도 철저히 깨달았다.

나와 같은 상황에 있는 친구들에게 이런 말을 해주고 싶다. 남들보다 더 힘들 것이다. 하지만 어떻게든 졸업할 때까지 부딪치고 버티면 결국은 해낼 수 있다. 해내기만 한다면 힘들게 보낸 그 시간들은 더욱더 뿌듯하고 떳떳하며 값진 기억으로 남을 것이다. 돈이 없어서 철저히 기회비용을 따지며 살다 보면 진짜 하고 싶어 하는 것이 무엇인지도 더욱 잘 판별할 수 있게 된다. 그러니 기죽지 말고 스스로 더욱 대단한 사람이라 칭찬하며 앞으로 나아갔으면, 자신감 있게 살아갔으면 한다.

다시 원점으로 돌아와 아르바이트에 대해 이야기해보자. 아르바이트를 할 때에는 자신만의 목적이 분명해야 한다. 내가 얼마의 돈이 필요한지, 무엇을 위해 그 돈이 필요한지에 대해 명확한 생각을 가져야 한다. 아르바이트만 하면서 시간과 기회를 다 써버리기에는 청춘이 너무 아깝기 때문이다.

생활을 직접 영위해야 하는 형편이라면 일단 한 달간 고정비용이 얼마나 드는지 파악해야 한다. 다음과 같은 것들이 있을 것이다.

- 월세 등 주거비 (자취를 하는 경우)
- 교통비 (하루 평균 몇 번의 교통을 이용하는지 평일/주말 나누어 계산해서 합산)
- 식비 (하루 평균 식비×횟수를 평일/주말 나누어 계산해서 합산)
- 학자금 이자 및 원금 상환 (학자금 이자와 원금을 본인이 부담하는 경우)
- 유흥비 (친구들과의 모임, 만남에 드는 비용)
- 의류 및 기타 자신을 위한 비용
- 기타 잡비 (생활에 필요한 물품 구입 등)

이와 같은 고정 비용에 대한 전체적인 그림이 그려지면 그에 맞추어 아르바이트를 구하고 시간을 정하면 된다. 여행 경비나 무언가를 배우고 싶어 특별히 큰돈이 필요할 때도 마찬가지다. 내가 필요한 돈이 얼마이고 언제까지 필요한지를 계산해서 그에 맞추어 아르바이트를 구하면 된다. 그리고 내가 일자리가 급하다고 해서 그에 맞게 아르바이트 자리가 구해지는 것은 아니므로 필요한 시기보다 조금 앞서 미리 알아보는 것이 좋다.

어찌 되었든 중요한 것은 나의 삶과 아르바이트의 관계가 전도되어서는 안 된다는 것이다. 목표 금액에 맞게 시간을 쓸 수 있어야 한다. 그리고 아르바이트를 하다 보면 변수가 많기 때문에 급여를 받기 전에 미리 돈을 쓰는 것은 지양해야 한다. 만약 아르바이트를 하다가 급여를 받지 못하거나 부당한 대접을 받은 경우에는 노동부에 신고해 도움을 받자.

아르바이트도 종류가 참 다양하다. 구인 사이트에서 구할 수도 있고, 학교에서 모집하는 근로장학생에 지원해보는 것도 좋다. 알아볼 때에는 시간뿐 아니라 이동 거리와 시간당 급여를 잘 따져보고 자신에게 효율적인 수단이 될 수 있도록 충분히 고민하자.

선배들이 전하는 군대에 관한 조언

사실 여자인 내가 군대에 대해 말하기는 상당히 조심스럽다. 하지만 대학생활에서 남학생들에게 군 입대 문제는 빠질 수 없는 요소임이 분명하고, 또 군대를 다녀오고 나서 눈빛이 또렷하게 바뀐 사람들을 보며 그 이유가 무엇인지 궁금해했던 개인적인 경험도 있어 그에 대해 다루어보고자 한다.

이상하게도 철이 없어 보이던 친구도, 내일은 없는 것처럼 미친 듯이 놀기만 했던 동기도 열에 일곱은 군대만 다녀오면 눈빛이 달라져 있었다. 뚜렷한 목표 아래 엄청난 자기 관리를 통해 그 목표를 척척 이루어내기도 했다. 그런 모습을 본 나는 어떤 계기로 사람이 그토록 달라질 수 있는지, 그런 변화는 어떤 저력 때문에 가능한 것인지 늘 궁금했다. 학사경고를 맞던 선배가 장학금을 받기도 하고, 엄청난 영어 실력자가 되어 나타나기도 했다. 과연 이들은 어떻게 이토록 달라진 것일까? 군대를 다녀오고서 자신이 바뀌었다고 생각되는 사람들 30여 명을 대상으로 인터뷰를 해봤다. 달라진 이유에 대한 각자의 생각은 크게 세 가지 정도로 분류할 수 있었다.

- **다양한 사람들을 만나면서 더 열심히 살아야겠다는 생각을 하게 되었다.**

대학을 다니다 보면 대부분의 인간관계가 자기중심적으로 흘러가게 된다. 자신과 비슷한 성향, 비슷한 관심사, 비슷한 환경의 사람끼리 어울리게 되는 것이다. 하지만 군대에는 다양한 사람들이 온다. 일찍부터 자립해서 일을 시작한 사람, 인생의 목표가 뚜렷한 사람, 힘들게 고군분투하며 살아온 사람 등 자신의 의지나 성향과 관계없이 다양한 환경에서 살아온 사람들과 함께 생활하면서 배우는 점과 느끼는 점이 많다는 것이다. 더욱 열심히 살아야겠다는 생각과 더불어 대학생활에 대한 소중함도 많이 느끼게 되므로 제대 후에는 허투루 시간을 보내지 않겠노라 다짐하게 된다고 한다.

- **자유의지에 대한 갈망이 커졌고, 나에 대해 생각해볼 수 있는 시간이 많았다.**

군대에서는 내 의지대로만 행동할 수 없다. 그러다 보니 사회에 다시 나가면 '이런 것들을 꼭 해보고 싶다'는 구체적인 생각과 계획들이 생겼다고 한다. 또 자유롭게 할 수 있는 것은 오직 생각뿐이어서 자신에 대해 많이 되돌아보고 앞으로의 삶에 대해 깊이 생각해보게 되었다고 한다. 그 철저하게 외롭고 고독한 시간 동안 다짐한 생각과 계획들은 복학 이후 엄청난 저력을 발휘하는 원동력이 된다.

- **이제 더 이상의 도피처는 없다는 위기의식이 들었다.**

1학년 때 어떻게 생활을 해 왔더라도, 미래에 대한 책임감에 대한 무게를 일단 군대로 돌리게 되는 경우가 많다고 한다. 하지만 군대를 다녀오고 나서는 더 이상 물러설 곳이 없는 실전이라는 생각이 들었다고 한다. 주변의 친구들 중에는 이미 사회에 나갔거나, 나갈 준비를 하는 사람도 많아 더욱 그렇다고 한다. 그런 위기감으로 긴장을 하고, 현실을 직시하며 행동을 시작하는 것이다.

'군대를 언제 가는 것이 좋을까?'라는 질문에 대해서는 제각각 생각이 달랐다. 응답자 중 절반 정도는 '1학년을 마치고 갈 것'을 추천했다. 대학생으로서 미래에 대한 아무런 걱정 없이 즐기는 시간도 필요하지 않겠느냐는 이유에서였다. 그 밖에도 학교를 다닐 때 조별 수업 등에서 함께 수업을 듣고 정보를 교류할 수 있는 친구도 중요하기 때문에 친구들이 대부분 가는 시기에 맞추어 가는 경우도 많다고 했다. 하지만 이것은 어디까지나 개개인들의 생각과 추천일 뿐 정답은 없다. 늦게 가는 것이 더 좋았다는 사람도 있었다.

자신의 현재의 상황을 잘 파악하고 대략적인 미래에 대한 계획에 맞추어 미리 알아보고 준비하는 것이 좋다. 군 입대 시기뿐 아니라 지원하는

곳도 목적에 따라 자신에게 도움이 될 수 있는 분야로 미리 준비해서 선택하는 것이 좋다. IT 개발을 하는 곳도 있고, 영어를 꾸준히 쓰기 위해 카투사나 통역병을 지원하기도 한다. 기업에 ROTC나 학사장교를 채용하는 전형이 따로 있기 때문에 학업 병행과 함께 다양한 이유들로 이를 선택하기도 한다. 빠른 학위 취득을 위해 박사 과정까지 진학하고 나서 대체복무를 하는 경우도 있다.

중요한 것은 이 모든 내용들을 내가 직접 알아보고 선택해야 한다는 것이다. 내 선택이 최선이 되도록 병무청 홈페이지 등에서 정보를 충분히 수집해 시기를 잘 결정하자.

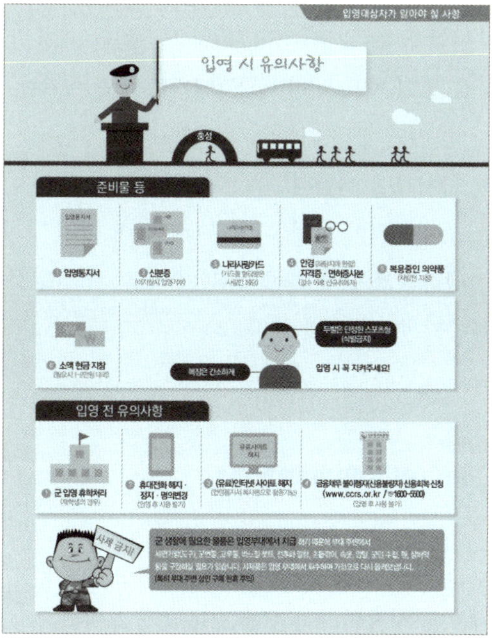

◀◀
병무청 홈페이지
(www.mma.go.kr)

◀
입영 시 유의사항 안내

우리는 사랑일까?

20대 청춘의 한복판, 대학생활에서 절대로 빼놓을 수 없는 것은 바로 '연애'가 아닐까? 연애를 하게 되면 우리의 삶은 180도 달라지게 된다. 때로는 달콤함에 세상이 아름답게 보이기도 하고, 이별을 경험할 때면 하늘이 무너지는 듯한 기분을 느낄 때도 있다. 물론 연애도 스포츠처럼 책이나 글로 배울 수는 없다. 하지만 분명 내 삶에 큰 영향을 미치는 사건 중 하나인 연애에 대해 가치관을 정립해두는 것은 중요하다. 연애를 하면서 어떤 것을 소중히 여겨야 할지, 어떻게 대처해야 할지, 중심은 어떻게 잡을지 종종 생각해보자. 30대를 맞은 언니이자 누나로서 대학생들에게 들려주고 싶은 조언은 다음과 같다.

내가 정말 좋아하는 걸까, 아니면 분위기 탓일까?

입학 시즌은 엄청난 핑크빛 기류와 함께 시작된다. 여기저기서 새로운 커플들 소식이 들려온다. 새로운 시작이라는 설레는 분위기 속에서 이른바 '콩깍지'가 눈에 쓰이게 되는 경우가 많기 때문이다. 때로는 선배라는 이유 하나만으로도 멋있어 보이기도 하고, 이제 막 입시에서 벗어난 마음에 연애를 하고 싶다는 생각이 앞서기도 하는 등 여러 가지 일련의 상황들이 그런 분위기를 연출하게 되는 것이다. 그래서인지 첫 학기에 만난 연인들은 대부분 쉽게 깨지고는 한다. 학교에 입학하자마자 연애를 시작하면 새로운 만남과 학교생활에 자칫 소홀해질 수도 있다. 첫 단추를 꿰는 시기를 그렇게 보내고 나면 종종 상처를 입기도 한다. 분위기 탓인지 내가 정말 그 사람을 좋아하는 것인지 곰곰이 생각해볼 필요가 있다.

연애에 올인하다가 사라진 나의 친구들과 학점, 그리고 추억

20대 청춘이 아니라면 언제 연애에 '올인(all-in)'하겠는가. 하지만 그 '올인'이라는 개념을 '나의 모든 것을 주는 것'으로 오해하면 곤란하다. 마음을 아낌없이 주는 것은 맞지만 나의 모든 무게중심을 그쪽으로 옮기는 것은 결코 옳은 자세가 아니다. 만남으로 인해 친구와의 관계가 소홀해지면서 인간관계가 좁아지거나 상대로 인해 내 기분이 들쭉날쭉해지며 생활에 지장을 초래하는 것은 바람직하지 않다. 나의 모든 것을 상대에게 올인하는 것은 연인과의 바람직한 관계 정립이라는 점에서도 좋지 않은 결과를 가져오기 쉽다. 상대가 점점 부담을 느끼기 시작할 수 있고, '나는 이렇게 올인을 하는데 너는 왜?'라며 상대에게 그만큼 채워주기를 바라는 마음이 생기기 때문이다.

E양은 대학생활 중 1~2학년의 기억은 거의 없다고 한다. 당시 E양은 취업을 준비하던 복학생과 만났는데 그에게 모든 생활을 맞추며 연애를

했다고 한다. 그러다 보니 친구와의 즐거운 추억이나 무언가에 미치도록 몰두한 경험 같은 것들은 전무하고 오직 그 남자친구와 자취방 근처에서 데이트를 하며 본 회색빛 풍경만 남았으며, 나중에 헤어지고 나니 소중한 추억 또한 그만큼 상실된 듯한 느낌을 받았다고 한다. 나의 연애와 내 삶이 올바르게 균형을 잡고 있는지 돌아볼 필요가 있다.

어떤 사람을 만나야 할까?

연애가 중요한 이유는 그 사람이 나에게 엄청난 영향을 미치기 때문이다. 너무 좋아하고 사랑하기에 그 순간만큼은 그 사람의 말이 법이자 절대 진리처럼 느껴진다. 따라서 제대로 된 사람을 만나지 못하면 그만큼 나 자신이 망가질 수도 있음을 인지해야 한다.

H 양은 학벌 좋고 미래 유망한 훤칠한 '훈남'과 연애를 꽤 오래 했다. 하지만 이상하게도 연애를 하면 할수록 H 양의 얼굴은 점점 어두워져갔다. H는 꽤 늘씬한 체형이었는데, 남자친구는 만날 때마다 '너 살 좀 빼야겠다. 내가 만났던 여자들 중에 가장 통통해'라는 말을 자주 했다. 그녀는 주변에서 보기에 건강이 걱정될 정도로 점점 말라갔다. H 양 본인도 똑똑하고 미래를 위해 열심히 살아가는 사람이었음에도 남자친구가 자신을 은근히 무시하는 발언을 계속 들으니 점점 지쳐갔다고 한다. 결국 그녀는 자신이 열심히 하는 모든 것들이 의미 없게 느껴지면서 우울증에 걸렸다.

비트겐슈타인의 주장을 빌리면, 타인들이 우리를 이해하는 폭이 우리 세계의 폭이 된다. 우리는 상대가 인식하는 범위 안에서 존재할 수밖에 없다. 그들이 우리의 농담을 이해하면 우리는 재미난 사람이 되고, 그들의 지성에 의해 우리는 지성 있는 사람이 된다. (중략) 관계의 기반은 상대방의 특성이 아니라, 그런 특성이 우리의 자아상에 미치는 영향에 있다. (중략) 그녀는 오래전부터 그 남자와 있으면 가치 없는 사람이 된 기분 을 느꼈다. 그 남자와 함께 있는 앨리스는 돈을 함부로 쓰고, 지적이지 않고, 감정적인 데 매달리고, 타인을 귀찮게 하는 의타심 때문에 고생하는 사람이었다. 에릭이 그런 말을 한 것은 절대 아니었다. 같이 있을 때 그녀 스스로 느끼는 바가 그러했다.

_ 알랭 드 보통, 『우리는 사랑일까』 중에서

이처럼 주변에서 결코 아니라고 해도, 그리고 자신이 충분히 괜찮은 사람임에도 불구하고, 가장 사랑하는 가까운 사람의 말이기 때문에 진짜 사실보다 그 사람의 말 한마디, 행동 하나가 더 큰 영향을 미치는 것이다. 따라서 나에게 좋은 영향을 주고 건강한 자아상을 형성할 수 있는 사람인지 생각해보고 만나는 것이 좋다.

그렇다면 어떤 사람이 좋은 사람일까? 내 친구 M 양은 이렇게 말했다. "좋아할 때 잘 해주는 사람 말고 좋아하는 감정이 식어갈 때에도 변함없이 잘 해주는 사람이 진짜 나에게 좋은 사람 아닐까? 아무리 나쁜 사람도 좋아할 때에는 누구나 잘 해줄 거야." 정리를 해보자면, 되도록 자존감이 높고 긍정적이며 배려심이 있는 사람을 만나는 것이 좋다. 연애도 좋지만 서로에게 좋은 영향을 미치는 사람인지 먼저 생각해보자.

이별에 대처하는 자세

이별은 어떤 말로 표현해도 가슴 아픈 사건이다. 영원할 것 같았던 달콤함의 끝이 찾아오면 하늘이 무너질 것만 같다. 하지만 세상은 나와 상관없이 잘 돌아가고 나와 헤어진 사람도 변함없이 잘 지낼 것을 생각하면 눈물만 하염없이 흐른다. 그 당시에는 이 사람이 아니면 안 될 것 같은 기분에 어떻게든 이별을 되돌리고 싶어진다. 그러다 되돌릴 수 없다는 것을 알게 되면 좌절감과 상실감으로 크나큰 상처를 받을 수도 있다.

'그 사람이 정말로 인연이라면 어떻게든 다시 만날 것이고, 인연이 아니라면 아무리 애써도 만나지 못할 것'이라 생각하고 이별을 받아들였으면 한다. 이번 만남이 인연이 아니었다면 살아가면서 진정한 인연을 만날 때가 올 것이다. 한 번 깨지고 틀어진 관계는 예전으로 돌이키기 어렵다. 마음 아프지만 과감히 접고 돌아설 줄도 알아야 한다.

이별에 대처하는 자세는 사람마다 제각각이다. 온갖 슬픈 것들로 도배해놓고서 자신을 계속되는 슬픔 속으로 데려가는 사람도 있고, 잘 사는 것이 복수라며 이별을 계기로 더 열심히 생활에 매진하는 사람도 있다. 슬픔에 하염없이 빠져들다 보면 그 끝을 알 수 없게 되고, 그로 인해 시간을 비롯해 많은 것들을 놓침으로써 더 큰 상처를 입을 수도 있다. 그렇게 슬퍼한다고 해서 떠나간 사람이 안쓰러움에 되돌아오는 일은 거의 일어나지 않는다. 이왕이면 후자 쪽을 택해보는 것이 어떨까? 그 어떤 복수보다도 이롭고 달콤한 것은 내가 잘 사는 것이기 때문이다. 나를 놓친 것을 후회하게 만들어주겠다는 마음으로 눈물을 닦고서 다시 한 번 가슴을 펴고 이제부터는 자신을 위해 당당히 살아가는 것이다.

20대 후반에서 30대 초반만 되어도 더 이상 순수한 연애는 어렵다고들 말한다. 소개팅을 하더라도, 우연한 기회에 사람을 만나더라도 조건을 먼저 생각하게 되는 것이 어쩔 수 없는 현실이라는 것이다. 어찌 보면 가장 순수하게 불같은 사랑을 할 수 있는 때도 20대가 아닐까 한다. 20대의 사랑은 서툴지만, 그래서 더 아름답게 느껴진다. 어찌 되었든 중요한 것은 사람을 만나 사랑을 하는 목적은 행복해지는 데 있다는 것이다. 그러려면 관계의 균형을 건강하게 이룰 줄도 알아야 하고, 좋은 사람을 보는 눈도 길러야 한다.

함께 읽으면 좋은 책

우리는 사랑일까, 나는 너를 왜 사랑하는가 / 알랭 드 보통

화성에서 온 남자, 금성에서 온 여자 / 존 그레이

Part 3
네 꿈에 비타민이 될 역량을 키워봐

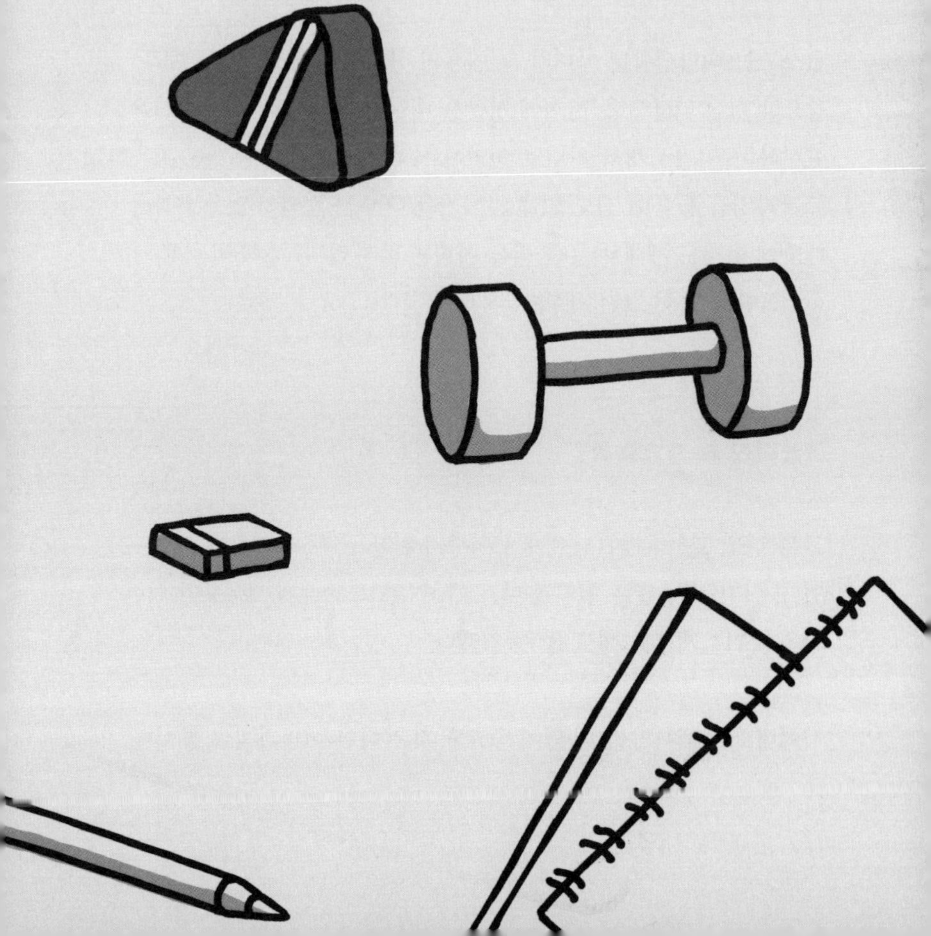

글쓰기는 소통의 밑바탕

글쓰기는 대학생활뿐 아니라 그 이후의 사회생활에 있어서도 매우 중요한 핵심 역량이다. 사회에 첫발을 내딛는 순간에도 바로 자신을 표현하는 '자기소개서' 하나로 인연이 시작된다. 하지만 초·중·고등학교 교과과정을 통틀어 심도 있게 글쓰기를 다루는 수업이 없을뿐더러 대학에 와서도 제대로 글을 써볼 기회는 많지 않다. 특히 이공계 학생들은 더욱이 그런 기회가 적다.

글쓰기란 왜 중요할까?

글은 '나만 보는 글'과 '남에게 보여주기 위한 글' 두 가지로 분류할 수 있다. 나만 보는 글은 일기를 예로 들 수 있고, 남에게 보여주기 위한 글은 자기소개서를 예로 들 수 있겠다.

사회생활을 해나가는 데 있어 중요한 것은 다른 이들과의 소통이다.

다른 사람들과 소통을 잘하기 위해서는 자기 자신과도 소통을 잘해야 한다. 우리는 흔히 자신에 대해 잘 알고 있다고 생각하지만, 평소에 무언가 정리되지 않은 모호한 생각들의 덩어리만 가지고 있을 뿐 자신의 실제 상태나 의견, 가치관 등을 명확하게 알지 못하고 있는 경우가 많다.

자신을 위한 글을 쓰다 보면 현재 자기 마음의 상태나 생각, 고민을 좀 더 객관적으로 바라볼 수 있다. 생각이 잘 정리되면 자신의 의사를 더욱 명확히 전달할 수 있게 된다. 또한 감정 조절에도 도움이 되고, 남에게 말 못 할 고민도 정리함으로써 스트레스를 해소할 수도 있다. 이렇게 자신의 생각이 정리된 상태에서 남이 보는 글을 쓰면 그 글은 강력한 힘을 가진다.

글은 과연 어떤 힘을 가지고 있을까?

말은 말하는 사람의 외관과 목소리에 많은 영향을 받는다. 그리고 한자리에서 듣지 않는 이상 생생함 또한 전달되지 않는다. 하지만 글은 그 사람의 외관이나 목소리에 영향받지 않으면서도 타인의 마음을 움직이고 공감을 이끌어내는 힘을 지니고 있다. 장소와 시간에 구애받지 않아 전달할 수 있는 범위가 넓기에 더욱 강력한 힘을 발휘한다.

김난도의 『아프니까 청춘이다』 중에는 "한비야가 여행만 하고 글을 안 썼더라면……"이라는 대목이 있다. 하지만 아무리 좋은 경험을 했더라도 이를 제대로 표현하고 알리지 못한다면 내 머릿속의 아름다운 추억으로만 남을 뿐이다. 글을 써서 이를 표현하고 널리 알리는 것은 자신을 알리고 자신의 꿈을 이루는 데 큰 도움이 된다.

잠시 내 이야기를 해보겠다. 나는 2007년에 킬리만자로 정상을 밟은 이후 이 굉장한 경험을 살리면 여러 활동들에 도전할 수 있겠다고 생각했다. 그런 생각으로 이런저런 대외활동에 지원했지만 보기 좋게 떨어지고 말았다. 당시 나는 '아니, 나만큼 특별한 경험을 한 사람도 거의 없을 텐데 내가 왜 안 된 거지?' 하고 의문을 가졌다. 나중에 그 활동에 합격한 사람들의 자기소개서를 보니 경험이 얼마나 특별한가는 중요하지 않았다. 그들은 어떤 경험을 통해 자신이 어떤 생각과 가치관을 갖게 되었는지, 그리고 자신은 어떤 사람인지 맛깔스럽게 잘 표현한 소개서를 제출했던 것이다. 아무리 특별하고 드문 경험이라도 그것이 자신에게 어떤 영향을 미쳤는지 제대로 표현하지 못하면, 그 경험은 그저 자기 머릿속의 특별한 추억으로만 남을 뿐이다.

앞에서 소개한 영국의 탐험가 제임스 후퍼는 젊은이들에게 "꿈을 이루기 위해서는 남에게 알려야 한다"라고 조언했다. 하지만 그냥 주변에 수다를 떨듯이 말하는 것만으로는 효과가 없다. 자신은 어떤 사람이고, 어떤 가치관으로 어떤 꿈을 꾸고 있는지 잘 전달해야 다른 사람의 마음을 움직일 수 있는 것이다. 그러려면 글을 잘 쓰는 것이 굉장히 중요하다.

나는 글쓰기 덕분에 좋은 기회를 많이 얻었다. 돈이 없어 해외에 한 번도 나가보지 못할 줄 알았는데 대외활동을 하면서 외국에 나가보기도 했고, 심지어 공익 CF의 모델로 출연하기도 했다. 또한 이런 경험들을 글로 풀고 PPT로 만들어 한양대의 리더십 실천사례에 나가 최우수상을 받기도 했는데, 이 인연이 계속 이어져 지금 이 책을 쓰는 데까지 이르렀다.

회사에서도 마찬가지였다. 자기소개서로 회사와 인연을 맺었고, 회사

안에서 블로거, 사내 기자 및 아나운서 등 글을 쓰고 말하는 활동을 계속했다. 이 같은 활동들은 다양한 사람들을 만나고 배우는 계기가 되었다. 사내에서 강연을 하거나 큰 행사의 사회를 맡기도 하는 등 글쓰기 하나로 시작한 작은 도전들이 계속해서 좋은 기회들로 끊임없이 다가왔다.

단지 대외활동이나 취업을 위해 하라는 것이 아니다. 글과 말은 연결되기에 모든 것에 적용된다. 글쓰기를 잘하면 프레젠테이션이나 리포트, 발표와 토론, 면접 등에도 큰 도움이 된다. 글을 쓰면서 생각과 논리가 정리되기 때문이다.

치유의 글쓰기

자신을 위한 글을 계속 쓰다 보면 자신을 깊게 이해하게 되고 상처와 묵은 감정들을 치유하는 데도 큰 도움을 받는다. 육아휴직 기간 동안 '100일 동안 마음을 편안한 상태로 돌려놓기'라는 미션을 가지고 블로그에 글을 써본 적이 있다. 누군가의 제안으로 참여한 미션이었다. 어떤 것이 내 마음을 편안하게 만드는지 고민하다가 살아오면서 내가 느꼈던 깨달음과 느낌들을 적어보기로 했다. 또 지금의 힘든 현실과 감정들을 이겨내기 위해 어떤 방향으로 마음을 다잡을지도 적었다. 매일매일 써야 해서 때로는 소재가 떨어지기도 했는데, 그럴 때는 내게 감동과 힘을 주는 글귀나 시, 노래 가사를 옮겨 적었다.

처음에는 별다른 변화를 못 느꼈으나 점차 나는 상황이 바뀌기를 기다리기보다 상황을 바꾸고자 움직이는 사람이 되었다. 엄마가 되는 것을 두고 혹자는 '자아를 내려놓는 것'이라고 한다. 부모가 된다는 감정에 대해 여러분은 아직 이해하지 못하겠지만, 나 자신을 점점 잃어가는 것에 대한 고통과 두려움으로 이루 말할 수 없이 힘들다. 글쓰기는 이런 것들을 치유하고 이겨내는 데 큰 힘이 되었다. 다시 하나씩 시작하고 몸과 마음을 움직이는 계기가 되었던 이 경험을 바탕으로 나는 글쓰기가 가진 치유의 힘에 대해 다시금 생각하게 되었다. 실제로도 서점가를 둘러보면 자신을 다독이고 치유하기 위한 글쓰기 책이 꽤 많다는 것을 알 수 있다.

사람들은 부정적인 순간을 마주하게 되면 그 생각에서 쉽사리 벗어나지 못한 채 꼬리에 꼬리를 무는 악순환으로 이어지는 경우가 많다. 이를 이겨내기 위해서는 나쁜 일에도 흔들리지 않도록 자신을 꽉 채워서 단단하게 만드는 수밖에 없다. 그래서 하루에 꼭 한 번 단 30분만이라도 자신을 위한 시간을 가지라는 것이다. 이때 그저 시간을 흘려보내기보다는 글을 쓰며 생각과 마음을 정리하면 큰 도움을 얻을 수 있다.

그러면 어떻게 해야 글을 잘 쓸 수 있을까? 『유시민의 글쓰기 특강』에서는 다독할 것, 많이 써서 글쓰기 근육을 키울 것, 그리고 올바른 우리말을 쓰도록 노력할 것을 강조한다. 책을 많이 읽는다고 해서 글을 잘 쓰는 것은 아니지만, 글을 잘 쓰는 사람 중에 책을 안 읽는 사람은 없다고 한다. 사진을 배울 때에도 사진을 잘 찍으려면 구도가 좋은 사진을 많이 찾아 보는 것이 첫째라고 한다. 잘 쓰인 글을 많이 보면 그 구조와 어휘들이 머릿속에 남게 되고, 거기에 자신의 생각을 더해 좋은 글을 쓸 수 있게 된다.

요새 친구들은 SNS에 길들여져 길게 글을 쓰는 것이 특히나 익숙지 않다. 짧고 간결하게 단답형으로만 주고받는 습관은 장문의 글을 쓸 때 상당한 압박이 되고는 한다. 이를 극복하려면 일단 많이 쓰는 수밖에 없다. 그렇다면 어떤 글을 쓸까? 자신의 생각과 감정을 일기처럼 써보는 것으로 시작하기를 추천한다. 나는 오늘 어떤 생각을 했는지, 무엇을 봤는지 소소하게 적어보는 것이다. 매일 10분씩 하는 것도 사실 말처럼 쉽지가 않다. 이마저도 버겁게 느껴진다면 꼭 쓰지 않더라도 무엇에 대해 글을 써보면 좋을지 생각하는 시간을 매일 10분씩 가져보기 바란다. 그러다 보면 어느 날은 그 생각이 열 줄이 넘어가는 글이 될 수 있고, 또 언젠가는 A4 용지 한 장을 훌쩍 넘는 글이 될 수 있다. 중요한 것은 꾸준함이다.

사회에 발을 내딛을 때 가장 먼저 쓰게 되는 글이 바로 자기소개서다. 대학원을 가든 고시를 보든 자기소개서를 내게 되어 있다. 단 몇 분 안에, 몇 자 안에 어떻게 하면 자신을 온전히 표현하고 돋보이게 소개할 수 있을 것인가? 4학년이 되어 준비하려면 이미 늦다. 오늘부터 글을 쓰는 습관을 들여보자.

함께 읽으면 좋은 책

유시민의 글쓰기 특강 / 유시민

김병완의 책쓰기 혁명 / 김병완

영어, 기회의 폭을 넓히는 촉매제

영어 공부의 중요성에 대해서는 어릴 적부터 귀에 딱지가 앉을 정도로 반복해서 들었을 것이다. 영어가 왜 중요할까? 짧게 보면 영어 성적이 졸업 요건으로 필요한 경우가 있고, 향후 진로를 준비할 때 영어 공인시험 점수가 요구되는 경우도 있다. 좀 더 멀리 보면 회사에서도 영어 점수가 평가 요소 중 하나인 곳이 많으며 다른 부서나 직장으로 옮길 때나 직업을 바꿀 때 필요하기도 하다.

여기서 먼저 알아두어야 할 것은 영어 시험 점수와 영어 실력이 반드시 비례하지는 않는다는 것이다. 물론 영어를 원래 잘했던 사람이라면 별도의 공부 없이도 관련 시험에서 높은 점수를 취득할 수 있지만, 반대로 영어 시험 점수가 좋다고 해서 그 수준만큼의 영어 회화 또는 작문 실력이 보장되지는 않는다. 점수가 당장 필요한 목표라면 단계적으로 그 목표에 맞추어 단기간에 집중하는 것이 좋고, 전반적인 영어 실력을 향상시키고 싶다면 장기적인 목표를 잡고서 제대로 매진하는 것이 좋다.

영어 시험의 종류

영어 시험은 크게 필기 시험과 말하기 시험으로 나눌 수 있다. 필기 시험의 대표적인 예로는 TOEIC을 들 수 있겠고, 말하기 시험의 예로는 OPIC, TOEIC Speaking을 예로 들 수 있다(일반적으로 취업과 관련해서 보는 시험들을 대표적인 예로 들었다. 본인의 목적에 따라 TOEFL, IELTS 등의 다양한 공인 시험을 선택할 수 있다). 또 이는 점수를 취득하는 방식과 등급을 취득하는 방식으로 나눌 수 있다. 한 번에 높은 점수 또는 등급을 취득하려 하기보다는 현재의 실력에 맞추어 바로 윗 단계로 향상시키는 것을 목표로 하자.

시험 같은 경우에는 유형 분석, 공부 방법, 시험에 대한 정보가 관건이다. 따라서 처음부터 혼자서 공부하기보다는 학원과 같은 기관에서 한 번 정도 시험 문제의 경향과 풀이법을 경험해보고 혼자 공부하는 것이 좋다. 학원비가 부담스럽다면 학교에서도 방학마다 어학 시험 관련 특강을 운영하는 곳이 많으니 이런 특강을 알아보는 것도 유용하다.

선배들이 영어 공부를 하기 위해 선택하는 방법들

영어 공부를 목적으로 휴학을 하는 대학생들이 많은 편이다. 그런 경우에는 보통 어학연수와 워킹 홀리데이만을 생각하는데, 그 외에도 찾아보면 다양한 방법이 있다.

● **어학연수**

가장 많이 선택하는 방법이다. 영어권 국가 중에 자신이 원하는 특징에 맞춰

가고는 한다. 저렴한 비용을 원하거나 단기로 공부하는 경우에는 동남아권 국가를 선택하는 편이고, 일반적으로는 오스트레일리아·캐나다·미국을 선호한다. 영국식 발음과 유럽 여행을 위해 영국을 선택하는 학생도 늘어나고 있다. 학교에서 학점을 인정해주는 연수 프로그램도 있으니 잘 알아보고 활용하는 것도 좋다.

● 워킹 홀리데이

어학연수 비용이 부담스럽거나 단순한 공부를 넘어 해외에서의 생활을 경험하고 싶은 경우 선택한다. 워킹 홀리데이는 한국과 워킹 홀리데이 협약을 맺은 국가(약 20개국)에서 최장 1년간 체류하면서 관광, 취업, 어학연수를 병행할 수 있는 프로그램이다. 꼭 영어권 국가만 있는 것은 아니며, 국가에 따라 모집하는 시기와 조건이 상이하므로 많은 정보를 미리 수집하고 충분히 준비한 뒤 가는 것이 좋다.

● 교환학생

학교와 자매결연을 맺은 학교에서 한 학기 또는 1년 동안 수업을 들으며 학점을 이수하는 제도다. 학교에서 현지 학생들과 함께 수업을 듣고 생활하기 때문에 다른 프로그램보다 그들의 문화를 이해하고 어학 능력을 향상시키는 데 좋다고 볼 수 있다. 교환학생으로 가기 위해서는 학점과 지원하는 국가의 언어 실력이 뒷받침되어야 하므로 미리 이런 조건을 알고 준비해야 한다.

● 해외 인턴

대표적으로 정부 해외인턴(GGI) 사업 프로그램, 한국무역협회(KITA)에서 운영하는 인턴 프로그램 등을 들 수 있다. 해외 취업을 알선해주는 일반 기관보다는 국가나 공기업에서 운영하는 프로그램에 참여하는 것을 권장한다. 이런 프로그램은 본인 부담금이 적거나 아예 없고, 인턴 업무에 합당한 급여를 지급할 수 있는 기업과 제휴를 맺어 운영되기 때문에 신뢰할 수 있기 때문이다. 실제로 업무를 수행하는 것이므로 기본적인 의사소통 능력이 뒷받침되어야 한다. 서류 심사와 면접을 보며, 더러는 시험을 보는 경우도 있기 때문에 미리 정보를 수집해 차근차근 준비할 필요가 있다. 해당 국가 유수의 기업에서 업무를 수행하며 생활하기 때문에 그 나라의 언어와 문화를 좀 더 깊이 배울 수 있을 뿐 아니라 인턴 경력을 쌓을 수 있다는 장점이 있다.

- **국제 워크캠프**

다국적 참가자들이 함께 생활하며 봉사활동과 문화교류를 하는 프로그램이다. 항공권과 비자 발급 비용 등은 본인이 부담하지만, 참가비를 납부하면 해당 프로그램에서 숙식을 제공해주므로 그냥 여행을 하는 것보다는 비용 부담이 적은 편이다. 해외 각지에서 온 청년들과 함께 생활하며 프로그램에 참여하기 때문에 영어 실력이 부쩍 향상되고 외국인 친구들을 사귈 수 있다는 장점이 있다. 짧게는 일주일부터 몇 개월에 걸쳐 진행되는 장기 프로그램도 있다. 봉사활동, 문화교류 프로그램에 직접 참여하는 것이기 때문에 어느 정도 의사소통이 가능해야 한다. 해외뿐 아니라 한국에서 진행되는 프로그램도 있다.

- **국내 독학**

흔한 경우는 아니지만 국내에서 영어 실력을 향상시키는 경우도 있다. 어지간한 의지가 아니고서는 힘들겠지만 불가능한 일은 아니다(이 부분은 실제 사례자의 인터뷰를 덧붙이겠다).

어학연수와 워킹 홀리데이는 영어 실력이 뛰어나지 않아도 부담 없이 갈 수 있다. 이들 프로그램을 다녀온 학생들은 크게 두 부류로 나뉜다. 하나는 영어 실력은 거의 늘지 않고 해외에서 재미있게 놀다

온 경우이고, 다른 하나는 영어 실력이 눈에 띌 정도로 향상된 경우다. 이에 대해 단 하나의 원인만 있다고 단정지을 수는 없겠지만 각각의 케이스에서 공통점은 분명히 찾을 수 있다. 전자의 경우에는 한국 학생들과 어울려 다닌 이들이 많다는 점이고, 후자의 경우에는 외로운 시간을 지내더라도 철저하게 외국인 친구들과의 생활을 고집하며 생활하는 내내 영어로 생각하고 말하고자 노력했다는 점이다. 전자의 경우에는 본인에게 좋은 추억은 남았겠지만 그저 추억으로 남기기에는 어마어마한 돈을 낭비했다는 생각이 들 것이다. 어학연수는 본인의 목표가 확실한지 깊이 생각해본 뒤 단호하게 결정을 내릴 필요가 있다.

교환학생과 해외 인턴, 국제 워크캠프 프로그램에는 어느 정도 의사소통이 가능해야 지원할 수 있다는 조건이 있다. 따라서 이들 프로그램은 스스로 어느 정도 어학실력을 다진 뒤에 그 실력을 좀 더 향상시키고 싶거나 현지의 문화와 사람들을 깊이 이해하고 좋은 경험을 쌓고자 할 때 선택하는 것이 좋다.

사실 많은 영어 강사들이 한국에서도 충분히 영어 공부가 가능하다고 말한다. 해외 어학연수도 현지 사람들과 대화하는 경우보다 영어가 모국어가 아닌 외국인들과 대화하며 수업을 듣는 일이 많으므로 한국 학원과 큰 차이가 없기 때문이다. 다만 오로지 어학 실력 향상만을 목적으로 외국에 나갔기 때문에 한국과는 달리 친구나 학교 등 기타 방해 요소가 없어 영어 공부에 좀 더 집중할 수 있다는 점이 다르다.

독학으로 영어 실력을 키운 A양은 2학년 때 오직 영어 공부만을 목적으로 휴학을 했다. 반복학습과 패턴 암기로 유명학 어학원을 7~8개월 다니면서 기본기를 익혔고, 그 후로는 EBS 영어 교재를 가지고 혼자서 영어를 공부하는 사람들의 공통점은 영어 때문에 스트레스를 받기보다는 즐겁게 공부한다는 것이다. 그들은 책상에 앉아서 하는 공부 외에도 미국 드라마나 영화, 영어 책 등 다양한 콘텐츠를 꾸준히 접하는 습관을 가지고 있다.

스터디를 만들어 공부하기 시작했다. 그렇게 1년이 지나고 나니 영어 회화가 가능해졌고, 각종 영어 시험에서도 고득점을 취득했다. A양은 영어를 잘하게 되자 많은 기회가 찾아왔다고 말했다. "국제회의 스태프 등의 아르바이트를 하면서 다른 아르바이트를 할 때보다 꽤 많은 돈을 벌었어요. 국제 워크캠프에도 참여해봤고요. 거기에서 느낀 점을 바탕으로 학교 친구들과 함께 외국인들에게 서울 곳곳을 프리투어(Free Tour)로 소개하는 프로그램을 만들어 운영하기도 했죠. 이런 것들을 계기로 학교에서 선발해 보내주는 국제 세미나에 참여해 뜻 깊은 시간을 보냈고, 글로벌 탐방 프로그램 활동도 하게 되었어요."

혼자서 영어를 공부하는 사람들의 공통점은 영어 때문에 스트레스를 받기보다는 즐겁게 공부한다는 것이다. 그들은 책상에 앉아서 하는 공부 외에도 미국 드라마나 영화, 영어 책 등 다양한 콘텐츠를 꾸준히 접하는 습관을 가지고 있다.

영어 공부의 이유를 단순한 스펙 쌓기가 아니라 더 풍부한 경험과 기회를 얻기 위해서라고 생각해보면 어떨까? 영어를 잘하게 되면 할 수 있는 아르바이트가 더 다양해지면서 선택의 폭이 넓어지고, 각종 해외 프로그램 선발 시 가점이 되므로 기회의 문이 더 넓어진다. 또한 외국인 친구를 사귈 수도 있고, 각종 외국어 관련 문화 콘텐츠를 즐기면서 시야를 넓힐 수도 있다.

대부분의 직장인들이 대학 시절에 후회스러운 것 중 하나로 영어 공부를 꼽는다고 한다. 나 역시도 영어가 부족해 놓친 기회, 아쉬운 경험들이 많았다. 외국인 친구들과 대화를 나누는 데 한계가 있어 더욱 친밀하게 다가갈 수 없었던 경험, 꼭 가보고 싶었던 해외 프로그램의 지원 자격에 영어 실력이 못 미쳐 안타까웠던 경험이 있다. 그래서 일찌감치 확실한 목표를 가지고 공부를 했으면 좋았을 텐데 하는 아쉬움이 아직까지도 많이 남아 있다. 이는 사회에서도 마찬가지다. 회사에서도 영어를 잘하면 더 좋은 기회들이 열리는 경우가 많다. 하지만 사회에 나가 공부를 하려면 학생 때보다 몇 배의 노력이 필요하다. 기본 근무 시간과 다른 여러 책임들이 점점 늘어나기 때문이다.

이에 더해 관심이 있다면 제2외국어를 도전해보는 것도 추천하고 싶다. "영어 하나도 벅찬데 제2외국어?"라고 되물을 수도 있겠다. 필수로 해야 한다는 것이 아니라 이런 쪽에도 관심을 가져보는 것이 어떨까 하는 조언일 뿐이다. 직장인들 중에도 바쁜 시간을 쪼개서 제2외국어 공부를 하는 사람들을 심심치 않게 찾아볼 수 있다. 제2외국어를 공부하는 이유는 성공이나 어떤 목표가 뚜렷이 있어서라기보다는 관심 있는 국가에 대해 좀 더 이해하고 싶거나 나중의 꿈을 위한 것인 경우가 많다. 물론 제2외국어 구사 능력이 예기치 못한 기회가 찾아왔을 때 나만의 강력한 비밀 무기가 될 수 있는 것도 사실이다.

영어든 제2외국어든 스펙 때문에 스트레스를 받아가며 공부하기보다는 더 풍부한 경험을 갖기 위해서, 다른 문화를 깊이 이해하기 위해서 하면 어떨까? 즐거운 마음으로 자신만의 꿈과 목표를 위해 도전해보기 바란다.

—

함께 읽으면 좋은 책

영어 천재가 된 홍 대리 / 박정원

파란만장 중년의 4개 외국어 도전기 / 김원곤

미루는 습관, 마감의 신과 작별하라

누구나 초등학교 시절에 방학 숙제 일기를 개학 전날에 한꺼번에 몰아서 써본 적이 있을 것이다. '벼락치기'라는 말도 우리에게 너무나 익숙한 단어 중 하나다. 어른이 되면 '짠' 하고 사라질 줄 알았던 미루는 습관은 스무 살이 넘어서도 발목을 잡고 늘어진다. 아직도 무언가를 마냥 미루는 습관을 가지고 있다면 그 습관이 유발할 문제점들에 대해서 진지하게 생각해볼 필요가 있다.

미루는 습관은 많은 악순환을 불러온다. 막판에 몰아서 할 때 생기는 스트레스, 부담감, 초조함. 밤을 새우느라 건강을 해치고, 그 다음 날의 시간들도 망치게 된다. 돈, 시간, 인간관계, 건강 등 많은 부분들이 미루는 습관 하나 때문에 야금야금 무너지고 마는 것이다.

우리는 왜 미루게 되는 것일까? 여러 이유가 있겠지만, 일의 규모를 제대로 파악하지 못해서 시작 자체에 부담감을 가지게 되는 것을 주된 이유로 꼽을 수 있다. '시작이 반'이라는 말을 들어본 적 있을 것이다.

사람들은 '시작'이라는 것에 대해 큰 부담감을 느낀다. 어떤 일을 해야 할 때 완벽한 상황과 조건이 갖추어져야지만 '시작'할 수 있다고 생각하면 그로 인한 부담 때문에 자꾸만 일을 미루게 되는 것이다. 그러니 부담을 극복하고 일단 '시작'하는 것을 두고 '반'이라고 한 말은 정말 적절한 표현이라 할 수 있다.

부담감은 왜 생기는 것일까? 여러 원인이 있겠지만, 지나치게 완벽을 추구하려는 마음과 일의 규모를 파악하지 못했을 때 생기는 모호함을 대표적인 원인으로 꼽을 수 있다. 장소며 시간이며 모든 상황이 완벽하게 갖추어져야지만 제대로 된 시작을 할 수 있다고 여기면 곤란하다. 안타깝게도 그런 완벽한 상황은 거의 만들어지지 않는다. 그 완벽한 상황을 기다리다가는 계속 시간만 흘러 결국 마감의 시간을 만나게 되고 만다. 집중이 잘 되는 완벽한 상태는 완벽한 상황에서 오는 것이 아니라 일단 시작을 한 이후 몰입하게 되는 순간이 만들어내는 것이다.

그렇다면 우리가 완벽한 상황을 기대하는 이유는 무엇일까? 바로 일에 대한 모호함 때문이다. 구체적으로 그 일을 하기 위해서는 어떤 것들을 해야 하는지, 시간이 얼마가 걸리는지 파악하지 못하면 상당한 집중력과 시간을 요할 것으로 지레 생각하기 때문에 내가 그에 응할 수 있는 상황이 될 때까지 기다리게 되는 것이다. 그렇게 되면 시작이라는 것 자체가 버겁게 느껴져 아예 시작조차 하지 않으려 하게 된다.

이런 부담감은 스트레스로 이어지고, 스트레스는 나쁜 습관을 불러온다. 스트레스를 잊으려고 SNS, TV, 음주, 게임 등에 몰두하게 되는 것이다. 하지만 이렇게 피하기만 한다고 해서 마음까지 편해지는 것은 아니다. 휴식을 취하면서도 마음은 불편하다. 때로는 하는 것보다 미루는 것이 더욱 괴롭다. 그러면 괴로워서 일을 미루게 되고, 그렇게 또 한 번의 악순환이 반복된다.

시험공부나 과제를 내일 하면 된다고 미루다가 막상 시작하고 나니 이것도 해야 할 것 같고 저것도 해야 할 것 같아 이른바 '멘붕'이 왔던 경험이 다들 있을 것이다. 이는 그 일에 대한 계획을 구체적으로 미리 세우지 않은 데서 오는 혼란이다. 일을 모호하게 받아들이면서 시작하는 시점도, 시간의 분배도 틀어져버린 것이다. 그렇다면 이런 모호성을 줄이려면 어떻게 해야 할까? 우선 하나의 '일'을 해내는 데 필요한 것들을 너무 심하다 싶을 정도로 세분화하고 구체적으로 나누는 것이 좋다.

예를 들어 리포트를 써야 한다면 1) 주제 정하기, 2) A에 대한 자료 조사하기, 3) 조사한 자료 정리하기, 4) B에 대한 인터뷰 하기, 5) 인터뷰 녹취 후 정리하기, 6) 초안 레이아웃 잡기, 7) 초안 작성하기, 8) 템플릿 고르기, 9) 사진 선별하기 등등으로 나눠볼 수 있겠다. 이렇게 구체적으로 일을 쪼개다 보면 이 많은 것들을 하루에 다 하려고 했던 자신이 어리석게 보이면서 왜 그렇게 초조하고 부담감이 생겼던 것인지 알게 될 것이다. 최소한의 단위로 나누어놓은 일들은 일정에 맞게 배분해 진행하면 된다. 한 번의 시작으로 해야 하는 일의 규모가 훨씬 작아지기 때문에 부담이 확 줄어들어 미루는 것을 방지할 수 있다.

여기서 더 나아간다면, 각각의 일을 처리할 때 걸리는 시간을 재볼 것을 권하고 싶다. 시간을 파악해두는 것은 무언가 꾸준히 반복적으로 해야 하는 일이 있을수록 더욱 요긴하다. 평소에 시간을 어떻게 쓰고 있는지, 어떤 일을 할 때 시간이 얼마나 걸리는지 잘 파악해두면 앞으로의 일에 대해서도 더욱 구체적이고 세분화된 일정을 짤 수 있어 예측이 한결 수월해진다.

평균대를 건넌다고 생각해보자. 높이가 50센티미터인 평균대는 별 무리 없이 지나갈 수 있지만, 높이가 5미터인 평균대는 똑같은 길이여도 엄청난 불안과 부담을 안겨준다. 미루는 습관은 이처럼 같은 일이라도 더 어렵고 불안하게 만든다. 방학 전날에 몰아서 일기를 쓰던 습관은 이제 버리자. 미루는 습관을 버리는 것만으로도 생각보다 더 많은 일들을 해내고 좋은 성과를 얻을 수 있다.

—

함께 읽으면 좋은 책

습관의 재발견 (기적 같은 변화를 불러오는 작은 습관의 힘) **/ 스티븐 기즈**

하루 15분 정리의 힘 / 윤선현

꿈꾸는 스무 살을 위한 101가지 작은 습관 / 탤렌 마이데너

바쁘다는 핑계의 함정에서 벗어나라

지금까지 늘 바빴고, 앞으로도 계속 바쁠 것이다. 하고 싶은 일은 많고 해야 할 일들은 언제나 끝이 없는 듯 느껴지기 때문이다. 그래서 '언젠가'라는 날은 없다. 바로 지금 이 시간에 선택과 집중을 통해 이루어야 한다. 아무리 바빠도 사랑하는 사람이나 좋아하는 친구를 만날 시간은 어떻게든 생기지 않던가. 나의 우선순위에서 높은 일이므로 어떻게든 시간을 만들어냈기에 가능했던 것이다. 다른 일들도 마찬가지다. 바쁘다는 것은 핑계일 뿐이다. 꼭 해야만 하고 우선순위가 높은 일이라면 어떻게든 시간을 내서 할 수 있다.

해야 할 일들에 파묻혀 허우적대며 바빠서 못 한다는 말을 입에 달고 사는데 정작 그만큼 만족할 만한 성과를 얻지 못하고 있으면 어떻게 시간을 사용하고 있는지 점검하고 다시 계획을 세워볼 필요가 있다. 할 일이 많은데 정작 시간이 생기면 TV나 핸드폰을 보며 시간을 죽이고 있는 것은 아닌지, 덜 중요한 일에 매달리느라 중요한 일을 놓치는 것은 아닌지 말이다.

- **할 일 목록을 구체적으로 적는다**

시간에도 '관리'가 필요하다. 나 스스로 자신의 매니저가 되어 스케줄을 잘 정리할 수 있어야 하는 것이다. 일단 가장 먼저 해야 할 것은 할 일을 구체적으로 적어보는 것이다. 막연히 머릿속으로 생각만 하기보다 실제로 종이나 컴퓨터에 구체적인 말로 옮겨보면 그것만으로도 내가 얼마만큼 일을 해야 하는지, 지금 당장 해야 하는 것인지 여부를 한눈에 잘 파악할 수 있다. 이때 모든 일은 되도록 구체적으로 세분화해서 적는다. 'A과제'라고 적기보다는 'A과제 자료 조사', 'A과제 주제 선정' 하는 식으로 말이다. 그래야 정해진 기한에 맞춰 일을 나눠서 시간을 분배할 수 있다. 이렇게 하면 해야 할 일에 대한 부담을 덜고 제때 일을 끝낼 수 있다.

- **아침에 그날 하루의 사용 가능한 시간을 파악해서 오늘의 할 일 목록을 만든다**

오늘의 약속과 수업 일정, 동선 등을 고려해 주어진 여유 시간이 얼마인지 계산해보고 그에 맞게 할 일 목록에서 오늘 할 수 있는 것들을 옮겨온다. 이때 여유 시간과 혹시 모를 변수까지 고려해야 하며, 오늘 안에 끝마칠 수 있도록 계획을 현실적으로 잡는 것이 좋다. 너무 무리하게 목표를 잡으면 우왕좌왕하다 하루가 지나가고, 그렇게 할 일을 제대로 못 마치는 날이 반복되면 무기력감에 빠지게 되기 때문이다. 또 한 가지 고려할 점은 우선순위다. 마감 일자의 여부와 중요도를 고려해서 선정하도록 하자.

- **1~2주에 한 번씩은 중장기 목표를 점검하고 할 일 목록을 업데이트한다**

중장기적인 목표가 있다면 그 목표를 잘게 쪼개서 하루의 습관처럼 자리잡을 수 있도록 할 일 목록에 끼워 넣는 것이 좋다. 예를 들어 글쓰기 실력을 늘리고 싶다면 하루에 20분 정도는 글을 쓰거나 글을 쓰는 데 도움이 되는 활동을 오늘 할 일 리스트에 넣는 것이다. 이와 같은 중장기 목표의 경우에는 내가 이루고 싶은 것, 하고 싶은 것을 정한 후 그 목표를 어느 기한에 어느 정도까지 달성하고 싶은지 구체적으로 적어보고 나서 시작하는 것이 좋다. 예를 들어 '영어 단어 1000개를 3개월 안에 외우겠다'가 목표라면 매일의 할 일 리스트에는 어떻게 들어가야 할지 쪼개보는 것이다. 가령 한 달이면 330~350개, 그러면 일주일에는 40~50개, 이를 또 배분해서 주 5일 공부를 한다고 가정했을 때 하루에는 8~10개 하는 식으로 하루마다 목표치를 정해 매일의 할 일 리스트에 집어넣음으로써 습관처럼 할 수 있도록 만드는 것이다. 이때 목표를 한꺼번에 여러 가지 잡지 말고 하나씩만 시작하며, 그것이 습관이 되면 또 다른 습관을 들이는 식으로 하는 것이 좋다. 중간중간 내가 이루고자 하는 목표에 맞게 하고 있는지, 다음에는 어떤 것을 해보면 좋을지 고민해보고 우선순위를 정하자.

● 틈새 시간을 활용한다

틈새 시간을 활용하는 방법은 개인의 성향과 상황에 따라 가지가지다. 나 같은 경우에는 항상 책을 들고 다니다가 지하철을 타고 이동할 때, 약속 시간을 기다릴 때, 집에서 잠들기 전마다 책을 읽고는 했다. 자투리 시간만 잘 활용해도 1~2주일에 책 한 권은 거뜬히 읽을 수 있다는 것을 깨닫고는 틈새 시간 활용의 위대함을 느끼게 되었다. 틈새 시간에 꼭 독서를 하라는 말은 아니다. 본인의 취미나 당장의 목표에 따라 내게 잠깐의 시간이 생긴다면 무엇을 하면 좋을지 생각해보고 정하면 된다. 또한 무조건 틈새 시간까지 활용해야 한다는 강박관념을 가질 필요는 없다. 가끔은 아무것도 하지 않고 멍하니 있는 시간도 필요하다. 고시를 준비했던 H군은 고시를 준비하는 동안 그렇게 이동하는 시간만큼은 아무것도 생각하고 싶지 않아 음악만 들으며 다녔다고 한다. 각자의 성향과 상황에 따라 맞추어 하면 되는 것이다. 평소 너무 바쁜 와중에 자투리 시간이라도 어떻게 잘 활용해볼 수 없을까 하는 생각이 든다면 한번 시작해보자.

효율적으로 시간을 쓰자

공부를 좀 해보려고 마음을 먹고 나니 막상 공부할 장소를 찾지 못해 우왕좌왕하거나 어질러진 방 안을 먼저 치우느라 엉뚱하게 시간을 보내는 경우가 많았을 것이다. 효율적으로 시간을 쓰려면 내 동선이 어떻게 되는지 고려해서 장소에 대한 자신책도 생각해두는 것이 좋다. 되도록 학기 중에는 학교와 집과의 접근성을 최우선으로 고려하자. 이동하느라 놓치는 시간이 많기 때문이다. 또 무언가를 할 때 방해가 되는 요소를 미리 차단해두는 것도 집중력을 높이고 효율성을 재고할 수 있는 방법이다. 핸드폰을 잠시 꺼두거나 미리 책상을 정돈해두거나 함으로써 각종 방해 요소를 미리 제어하는 습관을 갖도록 하자.

시간 관리에 정답은 없다

시간을 관리하는 방법은 사람마다 다양해서 어느 것이 정답이라고 할 수 없다. 기본적인 방향은 비슷하지만 실제 활용 방법은 제각기 다르다. 예를 들어 스케줄을 기록하고 관리하는 방법만 하더라도 아날로그 방식을 선호해서 스케줄러에 직접 쓰는 이가 있고, 저장과 검색이 용이한 애플리케이션이나 웹 서비스를 이용하는 이도 있다. 시간 관리 방법뿐 아니라 계획을 하는 방법이나 우선순위의 기준 등도 다들 각각 다르다. 따라서 최대한 다양한 방법을 찾아보고 직접 시도해보고 그 결과를 검토하면서 나에게 맞는 것을 찾아 나만의 방법을 만들어야 한다. 관련 정보는 책이나 강연을 통해서도 얻을 수 있지만, 주변에 많은 일을 주어진 시간 안에 잘 해내는 사람이 있다면 그 사람에게 직접 물어서 노하우를 얻을 수도 있다.

선택과 집중을 하자

이것도 저것도 전부 중요한 것 같지만 시간은 한정되어 있기 때문에 결국 선택의 순간이 올 수밖에 없다. 선택을 한다는 것은 다시 말하면 다른 것을 포기한다는 것과도 같기에 마음 한구석이 불편할 수도 있다. 하지만 모든 것을 다 가지려고 붙들고 있다가 아무것도 얻지 못하는 것보다는 하나라도 제대로 건지는 것이 더 중요하다는 것을 알아야 한다. 따라서 우선순위와 기회비용에 대해 끊임없이 생각해보고 결정을 내려야 한다. '이 중에서 단 한 가지만 고른다면 어떤 것을 할 것인가?'라는 물음을 스스로 던져보자. 그리고 그 물음에 대한 답을 결정한 뒤에는 뒤돌아보지 않고 오직 그 하나에만 집중해보자. 주어진 시간을 놓고 초조해하기보다 집중과 몰입으로 충분히 끝낼 수 있다는, 자신에 대한 믿음과 자신감을 가져야 좋은 성과를 얻을 수 있다.

2년 전쯤 넘쳐나는 일들 때문에 도저히 이 블랙홀에서 빠져나올 수 없을 것 같아 답답해하던 때가 있었다. 해도 해도 끝이 없는 일과 무엇부터 해야 할지 모르겠다는 막막함에 허비하는 시간이 많았고, 마음이 초조해서 붙잡고 있던 일마저 제대로 끝내지 못하기도 했다. 그때 어느 선배가 이런 이야기를 들려주었다. '비정상회담'이라는 TV 프로그램에 나온 어느 출연자의 아버지가 힘든 시기에 들려준 조언이라고 한다. "주위가 깜깜하면 가장 가까이 있는 불부터 켜라고 하셨어요. 할 수 있는 작은 일부터 다시 시작해보라는 조언이었죠." 선배는 이 이야기를 들려주고는 내게 이런 조언을 해주었다. "내일 아침에 회사에 가거든 할 일들을 다시 차근차근 적어봐. 너무 심하다 싶을 정도록 구체적으로 적어보는 거지. 각각의 일들에 소요될 예상 시간들도 적어봐. 그러고 나서는 하나씩 붙잡고 시작해. 그걸 할 때는 그것만 생각하고. 그렇게 하다 보면 점점 나아질 거야."

선배의 말대로 마음을 다시 다잡고서 모든 것을 미루어둔 채 다시 처음부터 할 일들을 적고 예상 시간을 적고 우선순위를 정해서 하나씩 붙잡고 시작했다. 처음에는 별다른 변화를 못 느꼈지만, 어느새 모든 일을 마치고 홀가분해진 자신을 발견할 수 있었다. 그때의 경험은 나중에도 버거운 스케줄이 생겼을 때 좀 더 여유롭게 대응할 수 있는 힘이 되었다.

시간 관리 습관을 잘 들여놓으면 남들과 똑같은 시간을 쓰고도 하고 싶은 일, 해야 하는 일들을 더 잘 해낼 수 있다. 이렇게 대학 시절에 형성된 습관과 자신만의 시간 관리 노하우는 훗날 사회에 나가서도 든든한 힘이 되어줄 것이다.

—

함께 읽으면 좋은 책

아침 1시간 노트 / 야마모토 노리야키

1일 30분 / 후루이치 유키오

원씽 (복잡한 세상을 이기는 단순함의 힘) / 게리 켈러, 제이 파파산

성과를 지배하는 바인더의 힘 (기적의 노트! 3P 바인더의 비밀) / 강규형

책으로 인생과 세상을 바라보는 눈 키우기

책 읽기의 중요성은 동서고금을 막론하고 꾸준히 강조되어왔다. 하지만 문화체육관광부의 국민독서실태 조사에 따르면 2013년 성인의 연 평균 독서량은 9.2권으로 한 달에 한 권도 되지 않으며, 이마저도 점점 줄어드는 추세라고 한다. 이 같은 현상의 원인은 여러 가지가 있을 것이다. 스마트폰, 인터넷, TV 등 자극적이고 빠르며 검색이 용이한 매체들이 넘쳐나다 보니 책 읽는 시간은 괴롭고 지루하게 여겨진다. 또 청소년 때부터 과중한 학업에 시달리느라 독서 습관을 제대로 잡지 못하는 까닭도 있다. 게다가 청소년 시절에 접하는 추천 도서 대부분이 언어 영역 등 입시와 관련된 문학 작품들이어서 독서가 학습의 연장으로 받아들여지는 현실도 영향이 있다.

그럼에도 우리는, 특히 대학생은 책을 읽어야 한다. 독서는 왜 중요할까? 첫째, 삶을 어떻게 살아갈지 같은 질문에 대한 실마리와 자신을 되돌아보고 성찰하는 계기를 얻을 수 있다. 둘째, 사람들이 평생에 걸쳐 연구한 결과나 긴 시간을 들여 깨닫고 얻어낸 노하우에 손쉽게 접근할 수 있는 방법으로 책만 한 것은 없다. 셋째, 논리적인 생각과 풍부한 어휘력 및 문장력을 길러준다.

회사에서 독서광으로 소문난 S 대리에게 책을 많이 읽게 되면서 변한 점, 도움이 된 점이 무엇인지 물었더니 다음과 같이 답했다.

"전에는 TV광이었어요. 드라마나 예능을 빠짐없이 봤죠. 건설적인 취미는 없었어요. 가끔 친구들과 술을 마시거나 운동을 하는 정도가 전부였던 것 같네요. 그런데 책을 읽기 시작하면서 많이 변했어요. 책 읽을 생각을 하니 자연스럽게 TV와 멀어지면서 대중매체에 맹목적으로 빠져들지 않게 된 것 같습니다. 책을 읽다가 마주하는 메시지들이 저도 모르게 가슴에 새겨지고 뇌리에 박히는 것 같아요. 어떻게 살아야 할까, 내가 계획한 삶을 살려면 지금 무엇을 해야 할까 같은 질문을 나 자신에게 더 많이 하게 되었어요. 이런 점들은 회사 생활이나 업무의 영역으로도 자연스럽게 이어졌지요. 책을 읽고 정리하고 요약하는 습관은 업무에서 불필요한 부분을 배제하고 집중할 수 있게 하는 동력이 되었고, 나 자신에게 질문하는 습관 덕분에 업무에서도 더 나은 판단을 내리게 된 것 같아요."

그렇다면 독서는 어떻게 시작하면 좋을까? 우선 '대학생 추천 도서'라는 이름의 리스트들은 머릿속에서 과감히 지웠으면 한다. 시작은 흥미롭고 즐거워야 한다. 서점에 가서 눈에 띄는 책, 제목이나 디자인이 마음에 드는 책이 있으면 일단 집어 들고 살펴보자. 목차를 보고 프롤로그나 머리말을 읽는 것만으로도 내 마음이 끌리는지 그렇지 않은지 알 수 있다. 주변에 성향이 비슷한 사람들에게 추천을 받는 것도 방법이 될 수 있다. 시중 서점에 가서 베스트 셀러 코너에 꾸준히 들러 보는 것도 좋다.

베스트셀러라 해서 모두 좋은 책이라고 볼 수는 없지만 대중적인 인기를 끄는 책은 그만큼 읽기에 흥미로운 내용과 접하기 쉬운 문장으로 되어 있는 경우가 많으므로 처음 독서 습관을 기르려는 사람들이 독서에 재미를 붙이는 데 도움이 될 수 있다. 이렇게 흥미 위주의 책부터 시작해 읽다 보면 자신만의 취향이 생긴다. 특정 분야에 대해 더 깊이 알고 싶어지게 되고, 좋아하는 저자가 생기기도 한다. 그러면 그에 맞추어 독서의 폭을 때로는 넓게, 때로는 깊게 가져가면 된다.

독서를 계속 하다 보면 자신만의 습관이 생긴다. 나 같은 경우에는 서점에 가서 책들을 들추어 보며 앞으로 어떤 책을 봐야 할지, 어떤 공부를 할지에 대해 생각하는 습관이 있다. 읽고 싶은 책들은 사진을 찍어 리스트업 해두었다가 나중에 하나씩 찾아 읽는다. 그러다가 나만의 취향을 좇아 지나치게 편식을 하고 있다는 생각이 들면 다른 사람의 공간을 방문하게 되었을 때 양해를 구하고 책장을 사진으로 남겨놓은 뒤 마음에 드는 책을 골라 위시리스트에 올리고는 한다.

책은 항상 틈새 시간에 읽는 편이지만 마음이 답답하거나 무거울 때 어지러운 머릿속을 비우기 위해 무작정 카페로 나가 책에 몰입할 때도 있다. 읽다가 더 이상 진도가 나가지 않거나 나와 잘 맞지 않는다고 생각되면 과감히 덮기도 하고, 집과 회사에 여러 책을 두고서 한꺼번에 읽기도 한다. 다른 사람들과 독서 습관을 공유하면서 또 다른 재미와 방법을 찾을 때도 있다. 독서 모임에 참여해 사람들과 같은 책을 읽고서 생각을 나누는 것도 독서에 좀 더 흥미를 붙이고 책을 깊게 읽을 수 있는 방법 중 하나다.

책을 읽고 난 뒤에는 조금 번거롭더라도 책에 대해 정리를 해두면 나중에 큰 자산이 된다. 아무리 강렬한 인상을 준 책이라 하더라도 시간이 지나면 그 책의 구체적인 내용이나 인상적인 글귀는 기억에 남지 않는다. 이를 어디선가 인용하고 싶다면 다시 그 책을 읽고 뒤적이는 수밖에 없다. 하지만 책을 읽고서 이런 대목들을 나의 느낌과 함께 꾸준히 정리해두면, 나만의 지식 창고가 되어 유용하게 활용할 수 있다. 이때 느낌만 간략히 적기보다는 인상적인 구절을 함께 옮겨 적는 것이 좋다. 남기고 싶은 구절이 있다면 읽는 중간중간 해당 페이지를 메모하거나 책에 표시해둔 뒤 나중에 문서나 블로그 등에 옮겨 적자.

함께 읽으면 좋은 책

독서 천재가 된 홍 대리 / 이지성, 정회일

하고 싶은 게 있다면 정보 수집에 초점을 맞출 것

하고 싶은 것들에 대해 어느 정도의 가닥이 잡혔다면 이제부터 필요한 것은 본격적인 정보 수집이다. 여기서 정보라 함은 대외활동, 공모전, 장학금, 채용 정보, 교내외 프로그램, 아르바이트, 강연 등 내가 관심 있는 분야나 하고 싶고 참여해보고 싶은 일들에 관한 정보를 의미한다.

보통 프로그램과 행사들은 일회적 이벤트에 그치는 경우도 있지만, 대부분은 1년·반기·분기 등 일정한 주기로 진행되는 것들이 많다. 따라서 평소에 어떤 프로그램이 어떤 시기에 진행되는지 미리 알아두면 더 많이 준비할 수 있다. 공모전을 예로 들어보자. 보통 프로그램 공지부터 마감까지는 2~3주 정도의 기간이 주어진다. 그 기간 내에 어떤 공모전인지, 누구와 함께 할지, 주제를 어떤 것으로 할지 등 사전 준비 기간까지 갖게 되면 정작 공모전을 제대로 준비하는 기간이 짧아져 좋은 결과물을 제출하기 힘들어진다. 다른 프로그램들도 마찬가지다. 미리 알고 준비해두면 그만큼 좋은 결과물을 제출함으로써 원하는 결과를 얻을 확률이 높아진다.

정보 수집은 항상 머릿속에 유념하면서 수시로 해야 하지만, 매일 체크하는 것이 부담스럽다면 특정 요일을 지정해서 수집하고 정리하는 시간을 갖는 것도 좋다. 돌발적으로 마주하게 되는 정보들은 재빨리 메모해두는 습관을 갖자. 스쳐 지나가면서 본 정보나 문득 떠오른 생각들은 쉽게 잊히기 때문이다.

정보 수집은 항상 머릿속에 유념하면서 수시로 해야 하지만, 매일 체크하는 것이 부담스럽다면 특정 요일을 지정해서 수집하고 정리하는 시간을 갖는 것도 좋다. 돌발적으로 마주하게 되는 정보들은 재빨리 메모해두는 습관을 갖자. 스쳐 지나가면서 본 정보나 문득 떠오른 생각들은 쉽게 잊히기 때문이다.

수집 경로는 크게 오프라인과 온라인으로 나눌 수 있다. 오프라인이라 함은 교내외를 다니면서 마주치는 모든 것, 다시 말해 사람과 책 등 실물로 된 정보를 말한다. 현수막, 게시판, 포스터, 사이니지 등도 평소에 유심히 들여다보는 습관을 갖자. 하고 싶은 것이 명확해지고 일정이 정리되었다면, 그것을 미리 경험해본 사람들을 오프라인에서 직접 찾고 만나 이야기를 들어보자. 어떻게 준비해서 합격했는지, 어떤 사람들을 뽑는지에 대해 아는 것이 최고의 노하우이기 때문이다. 다양한 노하우를 담은 자신의 대학생활 이야기를 쓴 책들을 읽어보는 것도 시야를 넓히는 데 도움이 된다.

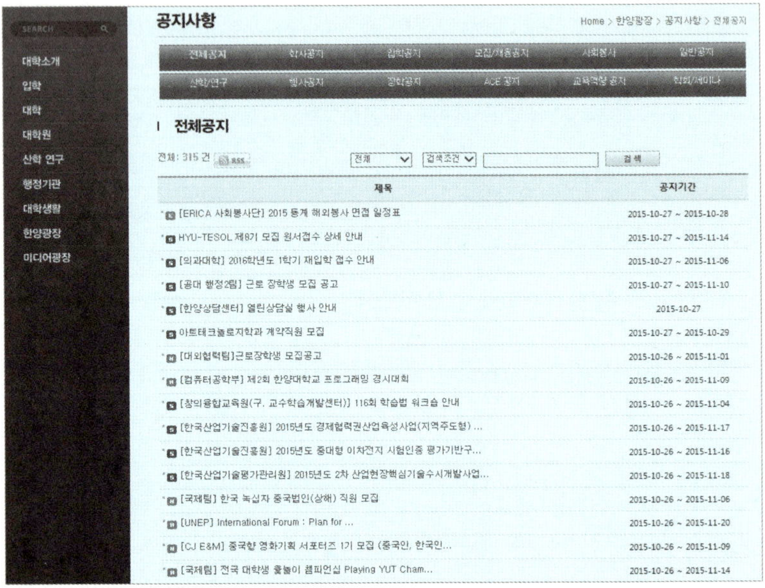

온라인에는 자료가 더욱 풍부하다. 하지만 그렇기 때문에 오히려 혼란스러울 수도 있다. 따라서 온라인상에서는 내가 어떤 정보를 필요로 하는지 명확한 기준을 가지고 선별해서 찾고 수집할 필요가 있다. 일단 기본이 되는 수집 경로는 학교 공식 홈페이지다. 그 다음으로는 포털 사이트 등의 대학생 활동 관련 카페 및 커뮤니티를 추천한다. 하나의 자료를 찾다 보면 그것이 연결되어 자신만의 정보를 찾는 프로세스가 생길 것이다.

이때 중요한 것은 이렇게 수집한 정보들로 파악한 프로그램이나 활동들 모두에 참여할 수는 없음을 인지해야 한다는 것이다. 때로는 일정이 겹치기도 하고, 그 모든 것을 소화하기에 버거울 수도 있다. 내게 주어진 자원이 한정되어 있기 때문이다. 따라서 관심 분야에 따라 우선순위를 두고서 하고 싶은 것들을 선별해 정보를 정리해야 한다. 스케줄러에 가장 기본이 되는 것은 학사 일정이다. 그 바탕 위에 하나씩 원하던 것들의 스케줄을 입히며 미래를 디자인해보자. 일정한 주기로 반복되는 프로그램이라면 차후로 순위를 조정할 수 있다.

특히 신입생이거나 복학생의 경우에는 학기가 시작되기 전부터 학교의 공식 홈페이지 구석구석을 꼼꼼히 살펴보기 바란다. 학교에는 어떤 것들이 있는지, 어떤 소식이 있는지, 누가 있는지 살펴보면 대학생활에 큰 도움이 된다.

무엇을 하든 정보가 힘이다. 원하는 것이 있다면, 그 원하는 것을 얻기 위해 어떤 것이 필요한지 적시에 잘 파악해서 준비해야 한다. 풍부한 경험과 다양한 활동들로 대학생활을 가득 채우고 싶다면 오늘부터 꼼꼼히 정보를 수집하자.

꿈과 비전도 피규어처럼 수집하라

신입생 시절 나는 대학생의 생활은 으레 놀고먹는 것이라고만 생각했다. 고생으로 가득한 수험 생활 끝에 찾아온 자유를 무한정 누리는 것이 즐거운 삶이라 여겼기 때문이다. 2학기의 어느 가을날, 선배가 방학 동안 해외 봉사활동을 다녀온 이야기를 들려주었다. 그곳에서 있었던 일, 느낀 점들과 함께 앞으로의 꿈과 계획들을 진지하게 이야기했는데, 그 이야기를 듣고 있던 나는 머리를 망치로 한 대 얻어맞은 듯한 느낌이 들었다. 이렇게 가슴을 벅차게 하는 것들이, 내가 할 수 있는 것들이 많은데 그저 웃고 떠들고 노는 것밖에 몰랐다니 시간이 너무 아깝고 나 자신이 부끄러울 따름이었다. 그날부터 나는 대학생활에서 내가 하고 싶고 할 수 있는 것들에 대해 철저하게 정보를 모으고 하나씩 도전하기 시작했다.

고기도 먹어본 사람이 많이 먹는다는 말이 있다. 무슨 일이든지 늘 하던 사람이 더 잘한다는 뜻인데 대학생활도 마찬가지다. 어떤 기회가 있는지, 무엇을 해보면 좋은지조차 잘 모른다면 많은 시간과 기회가 내게 주어져 있다는 사실도 모른 채 소중한 시간만 하염없이 흘려보낼 수도 있다.

무엇을 하고 싶은지, 무엇을 하면 좋을지를 알려면 두 가지가 선행되어야 한다. 첫째는 어떤 기회와 활동들, 꿈과 비전들이 있는지 파악하는 것이고, 둘째는 나는 어떤 사람이며 그에 따라 어떤 것을 원하는지 스스로 아는 것이다.

어떤 것들을 할 수 있는지 알고자 정보를 수집하는 과정은 인터넷 쇼핑몰에서 상품 카탈로그를 보고 하나씩 장바구니에 담는 것에 비유할 수 있다. 다양한 사람과 매체를 통해 꿈과 비전, 영감들은 어떤 것이 있는지 찾아본 뒤 마음에 드는 것을 나만의 공간에 담으면 된다. 이때 나의 취향과 생각에 맞는 것만 고집하지 말고 마음을 좀 더 넓게 열고서 다양한 경로를 통해 정보를 수집하는 것이 중요하다.

음악 검색 서비스와 라디오를 생각해보자. 검색 기능을 이용해 음악을 찾아 듣다 보면 결국에는 내 취향과 생각에 갇혀 늘 비슷한 음악만 듣게 된다. 하지만 라디오를 들으면 다양한 사람들의 시각과 취향에 따라 선곡된 음악을 듣게 되고, 그러다 보면 어느 날 나도 모르게 마음에 꽂히는 음악을 만나는 경우도 생긴다. 꿈과 비전도 마찬가지다. 대학생은 아직 20대 초중반에 불과한 나이이기 때문에 자신이 정말 좋아하는 것을 아직 만나지 못했을 수도 있다. 따라서 열린 마음을 갖고 최대한 다양한 것들을 적극적으로 수집해보라는 것이다.

특히 주변에서 활발하게 대학생활을 해나가는 선배들의 이야기를 참고하면 풍부한 영감을 전달받을 수 있을 것이다. 어떤 활동과 경험들을 해보았는지, 어떤 꿈과 계획을 가지고 있는지, 어떤 생각으로 살아가는지 이야기를 한번 들어보자. 내가 참고할 만한 스토리가 있는지 찬찬히 들어보는 것이다. 굳이 가까운 선배가 아니더라도, 마음만 먹으면 얼마든지 내가 원하고 꿈꾸었던 대학생활을 이미 직접 하고 있는 사람들을 어렵지 않게 찾고 만날 수 있다.

2009년에 한양대학교에서 열렸던 '리더십 실천사례 대회'에 참가한 적이 있었다. 그때 함께 참가하고 경쟁했던 다른 학생들의 활동과 생각, 비전을 들으며 신선한 충격과 자극을 받았다. 나와 똑같은 평범한 대학생일 뿐인데도 나와는 또 다른 시각으로 사회공헌 단체를 만들어 운영하기도 하고 두려움을 극복하고 도전하는 모습들이 인상 깊게 남은 것이다. 꼭 내가 생각했던 활동과 경험이 아닐지라도, 그들의 기개라든가 생각하는 관점에 대해 많이 배우고 영감을 받은 소중한 시간이었다.

잡지나 신문, TV, 책 등 다양한 매체를 통해서도 꿈과 비전을 수집할 수 있다. 가보고 싶은 여행지라든가 언젠가 한번 해보고 싶은 활동, 들이고 싶은 좋은 습관, 되고 싶은 모습, 배우고 싶은 것, 이루고 싶은 업적 등을 하나씩 살펴보면서 정성스럽게 모으면 된다.

하지만 꿈과 비전을 수집한다면서 무조건 베끼는 것은 곤란하다. 어떤 활동과 생각, 꿈과 비전들이 있는지 찾아보며 수많은 정보를 수집한 뒤에는 그것들을 나에게 맞게 수정하고 편집하는 2차 작업이 반드시 필요하다. 그러기 위해서는 일단 나는 어떤 성향의 사람인지, 이것이 정말 내가 원하는 것인지 알아야 한다. 그 모든 것들을 내가 다 잘 해낼 수는 없기 때문이다. 또한 그저 남에게 멋져 보이고 싶어서 하려는 것인지, 아니면 내가 정말 원하는 것인지도 심사숙고할 필요가 있다.

평소에 수집을 해온 꿈과 비전은 틈이 날 때마다 정리를 해보는 것이 좋다. 이때 자신의 상황과 역량을 너무 현실적·보수적으로 고려해서 정하지 말고 내가 정말 원하는 것에 따라 우선순위를 정한 뒤 마치 보물지도를 만들듯이 리스트업을 해보자. 지금은 불가능해 보이는 것일지라도 도전하면서 방법을 찾아나가면 가능한 일들이 많다. 계속해서 꾸준히 업데이트하고, 버킷리스트에 추가하고, 또 도전하는 과정을 반복하다 보면 이런 과정 자체가 어우러져 '나'라는 사람을 이루게 된다. 꿈이 더 이상 꿈이 아닌 현실이 되는 것이다. 그리고 언젠가는 그런 나의 모습이 다른 누군가에게 보물지도가 될 것이다.

강연으로 영감의 에너지를 보충하라

2010~11년부터 시작된 이른바 '청춘 콘서트' 열풍이 수많은 매체에 영향을 끼치면서 강연과 세미나는 이제 청년 문화의 한 축이 되었다. 5년 정도 지난 지금에 와서는 이에 대해 비판적이고 회의적인 목소리가 나오기도 하지만, 더 넓은 생각을 하고 노하우를 배우는 데 강연이나 세미나는 분명 도움이 되는 부분이 있다. 어떤 것들이 있는지, 나에게 어떤 도움을 줄 수 있는지 한번 살펴보자.

학교, 기업, 기타 단체가 주관하는 강연

학교에서는 교수학습법센터 같은 곳이나 기타 학교의 기관 또는 단체에서 강연자를 초청해 강연 프로그램을 종종 진행한다. 무료이고 캠퍼스 내에서 열리는 강의라 참여하기 쉽다는 장점이 있다. 학교 게시판과 공지사항을 보다 보면 이에 대한 정보를 쉽게 얻을 수 있다.

기업이나 기타 단체들에서도 학생들을 위한 강연을 자주 주최하고 있다. 주로 저명 인사나 새로운 인사이트를 줄 수 있는 사람, 기업의 인사 담당자 또는 현직 실무자들이 전하는 이야기로 구성된 프로그램들이 많다. 대학생 커뮤니티, 카페 등에서 이에 대한 정보나 참여 방법에 대한 소식을 접할 수 있다.

방송 및 온라인 강연

TED(Technology, Entertainment, Design)가 대표적이다. TED는 1984년에 창립된 미국의 비영리 재단에서 운영하는 강연회로, 세계 명사들의 아이디어를 듣고 여러 의견과 생각을 공유하고 있다. '유튜브'나 전용

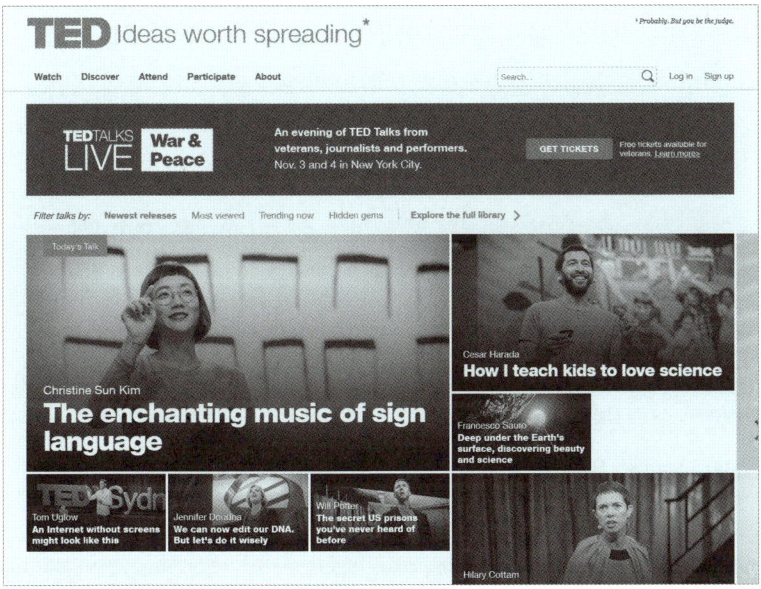

애플리케이션으로 손쉽게 볼 수 있어 이를 통해 영어 공부를 하는 사람들도 있다.

이 밖에 우리나라의 '세바시(세상을 바꾸는 15분)', '강연 100도씨' 등에도 좋은 강의가 많이 있다. 여기에는 꼭 저명한 인사만 나오는 것이 아니다. 내 주변의 직장인, 사람들의 생각이 나오기도 하고 책의 저자들이 나오기도 하기 때문에 명사의 강연보다는 좀 더 친숙하게 와닿는 점이 특징이다.

오프라인 세미나

학생뿐 아니라 직장인과 사회인을 위한 각종 노하우를 알려주는 강연이나 세미나도 많이 있다. 주로 온오프믹스, 마이크로임팩트 스쿨, 위즈돔 같은 사이트에서 정보를 얻을 수 있으며 마케팅이나 특정 툴의 활용법, 시간 관리 등 실질적으로 어떤 노하우가 필요한 것들에 대한 강연이 주를 이룬다. 가격도 1~2만 원대로 저렴한 편이다.

강연을 들을 때 한 가지 주의할 점은 성공 스토리에 너무 지나치게 빠져들지 말아야 한다는 것이다. 누군가의 성공 스토리는 축약되어 전해지는 것이기에 그 과정에서 미화되는 부분이 생기기 마련이다. 또 그 사람과 나의 상황이나 조건이 일치하지 않는 부분이 더 많기 때문에 그 사람을 자신에 대입해 비교하거나 자책하는 것은 바람직하지 않다. 그보다는 그 사람의 생각의 메커니즘이나 생각을 바꾸게 된 계기, 시야 등에 집중하는 것이 도움이 된다. 예를 들어 슬럼프가 왔을 때 어떤 생각을 하며 어떻게 극복했는지, 어떤 계기로 이런 생각을 하게 되었는지

하는 부분에 초점을 맞추는 것이 좋다.

때로는 성공 스토리를 지속적으로 반복해서 듣는 것보다 나에게 실질적으로 도움이 되는 어떤 노하우에 관한 강연을 듣는 것이 더 도움이 되기도 한다. 시간을 유용하게 관리하는 툴이나 관심 있는 마케팅 분야에 대한 실무진의 경험 등과 같은 것들은 당장 내가 학업이나 업무에 적용할 수 있으며 무언가를 진행할 때 더욱 효율적인 방법을 강구하는 데 도움이 된다.

2009년에 학교에서 '미루기 습관 버리기'라는 강연을 들은 적이 있다. 미루는 습관 때문에 생기는 자책과 스트레스로 지쳐 있던 나는 이 강연을 듣고 남은 대학생활을 더욱 효율적으로 보낼 수 있었다. 어느 저명한 사람의 성공 스토리보다도 훨씬 도움이 된 시간이었다. 강연을 듣고 난 이후에도 이런 방법과 습관, 마음의 메커니즘 등에 관심을 가지고 책도 더 많이 읽으며 나만의 방법을 찾아나갔다. 이는 회사 생활과 육아를 동시에 하는 동안에도 시간을 효율적으로 쓰는 데 유용한 방법과 지식이 되었다. 6년 전에 들었던 한 시간짜리 강연이 지금까지도 영향을 미치고 있는 것이다.

너무 당연해 보이는 것일지라도 그 중요성과 사용법을 알게 되는 것만으로도 삶의 효율성은 증가한다. 또 누군가의 감동적인 삶과 성공 스토리는 나는 어떻게 살아갈 것인가 다시 한 번 생각해보게 한다. 마치 비타민처럼 이런 경험들은 살아가는 데 반드시 필요한 것은 아니지만 활력을 더하고 영양을 보충해주는 역할을 한다.

건강과 체력은 열정의 원동력

예전에 고산을 등반하면서 느꼈던 점이 하나 있다. 보통 해발 2000~3000미터 이상의 고도에 올라가면 고산병 또는 고소 증세라는 것이 나타난다. 산소가 부족해 두통과 설사, 무기력증을 겪는 현상이다. 그런 상황에서는 사람들의 진면목을 볼 수 있다. 평소에 아무리 성격 좋은 사람이라도 몸이 극한의 상태를 맞이하면 예민해지고 짜증이 나는 것이다. 열악한 환경에서도 여유 있게 웃으며 행동하고 남을 배려하는 사람은 대부분 평소에 꾸준한 운동으로 체력을 단련한 사람들이었다. 고산에서의 경험을 통해 '건강한 신체에 건강한 정신'이라는 말의 의미를 깨닫게 되었다. 아무리 올곧은 정신과 의지를 가지고 있다 하더라도 몸이 따라주지 않으면 그에 맞지 않는 행동을 하게 되기도 하고, 목표를 실현하는 데도 지장을 받을 수 있다는 것을 직접 본 덕분이다.

이에 대해 좀 더 명쾌하게 설명한 드라마가 있다. 바로 '미생'이다. 다음은 주인공 장그래가 어린 시절에 바둑 사범님에게 들은 충고다.

네가 이루고 싶은 게 있거든 체력을 먼저 길러라. 평생 해야 할 일이라고 생각되거든 체력을 먼저 길러라. 게으름, 나태, 권태…… 모두 체력이 버티지 못해 정신이 몸의 지배를 받아 나타나는 증상이야. 체력이 약하면 빨리 편안함을 찾기 마련이고, 그러다 보면 인내심이 떨어지고, 그 피로감을 견디지 못하면 승부 따위는 상관없는 지경에 이르지. 이기고 싶다면 그 고민을 충분히 버텨줄 몸을 먼저 만들어. 정신력은 체력이란 외피의 보호 없이는 구호밖에 안 돼.

몸이 피곤하면 만사가 다 귀찮아진다. 해야 할 일을 미루기도 하고, 약속을 취소하게 된다. 해야 할 일을 제 때 못했다는 자책감으로 악순환이 반복되고, 사람들과의 관계에서도 점점 신뢰를 잃게 되기 때문에 좋은 컨디션을 유지하는 것은 중요하다.

규칙적인 식습관을 들이고 적절한 운동을 꾸준히 하자. 내 몸을 소중히 생각하자. 내 몸을 홀대하면, 먼 미래가 아니라도 졸업 이후 직장 생활을 하면서 그 대가를 반드시 치르게 된다. 열정도 에너지가 넘쳐야 생기고, 이런 에너지는 체력이 받쳐주어야 생길 수 있다. 요즘에는 웰빙 트렌드 때문에 식생활과 생활 습관에 대한 정보를 쉽게 찾을 수 있다. 교내 혹은 교내 근처에 저렴하게 운동을 할 수 있는 시설도 과거에 비해 많아졌다. 운동을 하는 동아리에 가입하는 것도 하나의 방법이 될 수 있다. 함께하는 즐거움과 더불어 동아리 활동에 참여해야 한다는 무언의 압박 때문에라도 운동을 하게 되기 때문이다.

걷기는 건강 이상의 의미가 있다. 걸으면 기분이 좋아진다. 스트레스가 줄고 여유가 생기고 머리 회전이 빨라진다. 걸으면서 대화를 하면 대화가 잘 풀린다. 마음의 평온이 찾아온다. 걸으면 고민이 해결된다. 너무 많은 생각은 건강의 적이다. 우리는 사실 고민할 필요가 없는 일로 너무 많은 고민을 한다. 해결될 일은 고민하지 않아도 해결되고, 해결되지 않을 일은 고민해도 해결되지 않는다. 고민은 뭔가를 하는 것 같지만 사실은 아무것도 하지 않는 것이다. 몸만 상하게 한다. 고민하는 대신 걸으면 훨씬 많은 것을 얻을 수 있다.

_ 한근태, 『몸이 먼저다 (나를 사랑하는 가장 확실한 결심)』 중에서

걷기와 달리기 같은 운동은 신체적 건강뿐 아니라 정신적 건강에도 좋은 영향을 미친다. 집 안에 오래도록 틀어박혀 있으면 우울하고 늘어지는 감정이 느껴진다는 것쯤은 모두들 알 것이다. 생각만 해서 달라지는 것은 없다. 너무 많은 생각은 오히려 고통의 원인이 되기도 한다. 활력을 되찾기 위해서는 몸을 움직이는 것이 우선이다. 몸을 움직이며 생각을 비워야 신선하고 새로운 생각들이 채워진다.

현재 모 방송국의 카메라 감독이 된 W는 달리기 덕분에 대학생활이 달라졌다고 한다. 그는 늘 방 안에 틀어박힌 채 혼자서 영상을 편집하는 것을 좋아했는데, 한번은 이를 보다 못한 친구가 억지로 끌고 나와 달리기를 함께 했다. 달리기를 하고 나니 힘도 들고 근육통도 생겼지만, 달릴 때 느껴지는 아드레날린과 바깥 공기가 안겨주는 바깥 세상에 대한 호기심 때문에 달리기를 꾸준히 하게 되었다. 이로 인해 그는 점차 밖으로 나가는 생활로 패턴이 바뀌었고, 많은 사람을 만나고 많은 곳을 가보며 경험하는 사람이 되었다.

달리기와 걷기를 오래 하는 사람들이 공통적으로 하는 말이 있다. 충분히 몸을 움직여서 땀을 흘린 후 샤워를 하면 모든 고민이 함께 말끔히 씻겨 내려가는 듯한, 다시 태어나는 듯한 기분이 든다는 것이다.

마음에 하루 종일 담아두었던 문제도 한 걸음 물러서서 볼 수 있게 되어 별일 아닌 것으로 넘기게 되는 일도 많다고 한다. 일단 고민이 있다면 밖으로 나가 몸을 움직여보자. 무엇을 하든 상관없다. 때로는 생각 없이 몸을 움직이는 것도 필요하다.

건강한 몸매 또한 자신감의 원천이 된다. 다이어트는 '긁지 않은 복권'이라는 말도 있지 않던가. 꼭 예쁘고 잘생긴 외모가 아니더라도 균형 잡히고 탄탄한 몸은 그 사람에게 매력을 더해주고, 그 매력은 자신감으로 이어진다. 꼭 외모 때문이 아니라 건강을 위해서, 나의 몸을 사랑하기 위해서라는 것을 잊지 말자.

20대 초반은 젊음의 절정기이기 때문에 이후 나이대의 사람들에 비해 피곤함을 느끼는 정도가 훨씬 덜한 편이다. 그래서 오히려 몸을 함부로 생각해 쉽게 먹고 생활하는 경우가 많다. 그렇게 1년, 2년이 지나 20대 중반이 훌쩍 넘어가게 되면 체력이 달려 하고 싶은 것을 제대로 못할 때가 온다. 30대가 되고 사회생활을 시작하게 되면 더하다. 정작 더 많은 에너지를 필요로 할 때 쉽게 지치고 마는 것이다. 그때가 되어서 뒤늦게 시작하면 회복에 더 많은 시간과 노력이 든다. 지금처럼 젊고 건강할 때, 여유가 있을 때 습관처럼 체력을 다져놓는다면 나만의 커다란 무기이자 자산이 될 것이다. 건강과 체력이라는 밑바탕을 튼튼히 다져두자.

함께 읽으면 좋은 책

몸이 먼저다 (나를 사랑하는 가장 확실한 결심) / **한근태**

나만의 강력한 비밀 무기, 프레젠테이션

대학에서 수업을 듣다 보면 종종 프레젠테이션을 해야 하는 경우가 생긴다. 각종 공모전에서도 프레젠테이션이 기본인 경우가 많고, 심지어 입사시에 PT 면접을 보는 회사들도 심심치 않게 있다. 물론 전공에 따라 대학생활 내내 프레젠테이션을 할 일이 거의 없는 경우도 있을 것이다. 하지만 그렇다 하더라도 대학생 때 프레젠테이션의 기본기를 다져놓으라고 권하고 싶다.

프레젠테이션이란 한정된 시간 안에 어떤 주제로 청중을 설득하는 행위다. 이를 잘하기 위해서는 목적의 분석, 자료의 정리 및 의견 도출, 발표력 등 다양한 역량이 요구된다. 이는 꼭 프레젠테이션에만 한정된 것이 아니다. 기획서나 제안서 등을 쓸 때에도 필요한 역량이고, 발표력 또한 사회생활에서 중요하므로 미리 프레젠테이션의 기본기를 다져놓는다면 나만의 강력한 비밀 무기가 될 것이다.

프레젠테이션에 대해 좀 더 깊이 공부하고 싶다면 강연을 듣고 관련 도서를 찾아보거나 이런 것을 준비하는 모임이나 동호회에 가입해 활동하기를 바란다. 여기서는 기본기를 다지는 데 도움이 될 만한 나만의 노하우와 경험담을 이야기하고자 한다. 프레젠테이션에서 내가 중요하게 생각하는 것은 세 가지는 바로 발표력, 내용 구성, 발표 자료다.

발표력

나는 어릴 때 무척 내성적이고 소심한 아이였다. 그래서 많은 사람 앞에 서는 것 자체를 부담스러워했고, 수많은 시선들이 나로 향하는 것이 너무도 고통스러웠다. 하지만 그런 나의 모습에 체념하기보다는 많은 사람들 앞에서 당당하게 말하는 사람들을 늘 동경했고, 그런 사람이 되고 싶어 했다. 수업 시간에 발표를 하면 나아지지 않을까 하는 생각에 중학생 때부터는 모두가 귀찮아하는 발표도 도맡아서 억지로 해보고, 발표를 잘하는 사람들을 찾아가 노하우를 물어보기도 했다.

발표로 인한 울렁증을 나는 이렇게 내려놓았다. 발표를 하는 그 순간만큼은 나를 내려놓는 것이다. 프레젠테이션을 하는 그 시간만큼은 한 사람의 배우가 되어 무대에서 연기를 한다고 생각했다. 그래서 목소리도 연기자처럼 과장되게, 좀 더 힘 있게 냈다. 내가 아니라고 생각하니 부끄럽다는 생각이 들지 않았다. 물론 처음부터 그랬던 것은 아니지만, 점차 서서히 정말로 부끄럽지 않아졌다. 수많은 시선들을 대할 때도 직접 하나하나 마주치기보다는 청중에게 시선을 주되 그들의 반응을 일일이 체크하지는 않았다. 누가 하품을 하거나 졸거나 하는 모습을 보고 '내가 어딘가 이상한가? 부족한가?'라는 생각이 들기 시작하면 나도 흔들리기 때문이다.

내용을 구성할 때 본인이 스스로 납득할 수 있는 메시지와 흐름을 충분히 반영하고, 그에 따라 내용의 흐름을 외우면서 연습하자. 내용의 흐름을 알더라도 막상 연습할 때 버벅거린다면, 실제 발표를 하듯이 구어체로 타이핑을 한 번 해보는 것도 큰 도움이 된다.

단순히 사람들 앞에 서서 말한다는 점 외에 발표자가 긴장 상태에 빠지는 요인은 두 가지 정도로 볼 수 있다. 하나는 스스로 발표 내용을 제대로 납득하지 못했기 때문이고, 또 하나는 연습이 부족했기 때문이다. 내가 만든 장표가 아니거나 충분한 시간을 들여 발표를 준비하지 못한 경우 '이것이 맞나' 하는 의심이 생기게 된다. 나 스스로 납득하지 못한 결론으로 상대방을 집중시키고 설득시키는 것은 거의 불가능한 일이다. 따라서 청중의 반응에 더욱 민감하게 반응하게 되고, 갈수록 더 긴장하면서 실수를 하게 되는 것이다. 연습이 부족할 때도 마찬가지다. 발표를 할 때 보면 간혹 대본을 가져와서 그대로 읽는 경우가 있는데, 이런 식의 발표는 청중의 몰입도를 현저히 떨어뜨린다. 발표자와의 아이콘택트가 되지 않기도 하고, 대본을 읽다 보니 구어체와는 사뭇 다르게 억양이나 속도가 어색해지기 십상인 것이다. 또 대본을 토씨 하나 빠뜨리지 않고 그냥 무작정 외운 경우에도 중간에 단어 하나, 어미 하나가 제대로 생각나지 않으면 그 뒤로는 모두 버벅대며 서서히 발표를 망치고 만다.

따라서 내용을 구성할 때 본인이 스스로 납득할 수 있는 메시지와 흐름을 충분히 반영하고, 그에 따라 내용의 흐름을 외우면서 연습하는 것이 바람직하다. 내용의 흐름을 알더라도 막상 연습할 때 버벅거린다면, 실제 발표를 하듯이 구어체로 타이핑을 한 번 해보는 것도 큰 도움이 된다. 머릿속의 말을 바로 하다 보면 단어 정리가 되지 않거나 그 단어들을 연결하는 어미와 조사들이 꼬이는 경우가 있기 때문이다. 한 번 정리를 하고 입에서 걸리는 부분을 확실히 정리한 뒤 시간 체크를 하며 충분한 연습해두자.

내용 구성

프레젠테이션 내용은 충분히 시간을 들여 구성해야 한다. 특정 시간에 몰아서 생각을 하게 되면 생각의 범위가 좁아져 한정적으로 굳어버리기 때문이다. 그래서 바로 전날 밤을 새워 준비를 하고 나면, 나중에 다시 발표 장표를 만들거나 발표를 할 때 '이것도 넣어볼걸, 저렇게 구성해볼걸' 하는 후회가 들고 결과가 만족스럽지 않게 되는 경우가 많다. 따라서 프레젠테이션 준비 기간 동안 충분히 시간을 갖고, 매일매일 아이디어와 생각들을 메모하면서 내용을 준비하는 것이 좋다.

생각들이 어느 정도 모이면 이제 어떻게 장표에 녹여 넣을 것인지 고민할 차례다. 이때는 포스트잇을 활용하면 유용하다. 한 장의 포스트잇을 하나의 장표라고 생각하고서 한 장에 넣을 메시지들을 요약해 적어놓은 뒤 순서를 배치해보는 것이다. 이렇게 미리 시간을 들여 자료와 아이디어를 수집하고 정리를 하면 발표 자료를 준비하는 시간이 확연히 줄어든다. 또한 발표자 스스로 납득할 수 있고 흐름을 자연스럽게 파악할 수 있는 발표 자료를 만드는 기초 공사가 되므로 발표력 향상에도 큰 도움이 된다.

발표 자료 제작

뭐든지 잘하는 기본적인 방법은 비슷하다. 좋은 것을 많이 보고 접하고, 그것들을 응용해서 많이 직접 해보는 것이다. PPT 작성에 관한 기본적인 내용은 무료 강의나 인터넷상의 관련 포스팅들에 많이 있으니 손쉽게 찾아볼 수 있다. 책이나 강의를 통해 툴을 활용하는 기본적인 방법을 익히고 난 뒤 좋은 프레젠테이션의 구도나 색상 등을 찾아보면서 직접 많이 만들어봐야 한다.

중요한 것은 한 장표에 너무 많은 자료를 넣지 말아야 한다는 것이다. 한 장표에 너무 많은 정보가 담겨 있으면 한눈에 잘 들어오지 않을뿐더러 청중이 발표를 듣는 데 방해가 된다. 게다가 한 장표에 너무 오래 머물러 있게 되면 청중의 집중력도 흐트러진다.

장표에 글과 그림, 도표 등 집어넣을 어떤 '틀'만 생각하지 말고 시각적으로 한눈에 들어오면서 시선을 끌 만한 것은 무엇일지 많이 고민해보는 것이 좋다. 예를 들자면, 물론 발표의 목적에 따라 다르겠지만, 사진으로 장표를 꽉 채울 수도 있고 도표 자료는 인포그래픽으로 변환시켜볼 수도 있겠다. 발표 도구도 파워포인트뿐 아니라 키노트나 프레지 등 다양한 툴을 써보면서 자신에게 잘 맞는 것을 선택하면 된다. 그리고 이런 툴에 의존하지 않고 청중을 오감으로 자극할 수 있는 창의적인 방법을 생각해보는 것도 하나의 방법이다.

꼭 사회생활까지 가지 않더라도, 대학생 때 프레젠테이션에 능숙해져 각종 수업에서 발표를 도맡아 한다면 학점에도 플러스가 될 뿐 아니라 공모전 등을 통해 여러 사람들도 만나는 등 좋은 경험을 누리는 기회가 많아질 것이다. 살아가면서 마주치게 되는 대부분의 기회는 내가 그 기회를 받아들일 준비가 되어 있을 때 붙잡을 수 있다. 그 준비의 일환으로 관심과 흥미를 가지고 꾸준히 기본기를 다져놓자.

독이 되는 SNS, 약이 되는 SNS로 바꿔라

한 통계 자료에 따르면 대학생들이 하루에 SNS를 활용하는 평균 시간이 88분이라고 한다(자료 출처: 박웅기 숭실대 언론정보학과 교수 / 2015. 03). 편리한 소통의 매체로 등장해 우리의 생활양식까지 바꿔놓은 SNS는 이내 현대인들의 강력한 스트레스 유발자로 전락해버렸다. SNS를 사용하면 할수록 상대적 박탈감을 느끼는 경우가 많으며, 이로 인해 우울증이 늘었다는 연구 결과는 셀 수도 없이 많다.

철학자 키르케고르는 '비교는 행복의 종말이며 불만족의 시작이다'라고 말했다. 대부분의 사람들은 자신의 가장 좋고 자랑할 만한 상태를 SNS에 올리고는 하는데, 그것을 보면서 타인과 자신의 현재를 자꾸만 비교하니 우울한 감정이 생기는 것이다. 그럼에도 사람들은 '소통'을 하기 위해서, 빈 시간을 채우기 위해서 핸드폰을 들면 습관처럼 SNS부터 들여다본다.

SNS의 이러한 역기능은 서비스 자체의 문제라기보다는 자꾸만 타인과 자신을 비교하려는 인간의 심리 때문에 나타난다. 누구나 살아가면서 힘든 일과 마주하는 순간이 있으며, 말 못 할 문제 하나쯤은 가슴에 품고 살아간다. 다만 SNS에는 그런 것들까지 표출하지 않을 뿐이다. 이를 상기한다면 '나만 이렇게 초라해' 하며 자책하면서 자신을 불필요하게 우울한 감정으로 살고 갈 필요가 없는 것이다. 사실 건강한 마음으로 잘만 활용한다면 SNS에는 원래 만들어진 취지에 맞는 장점들이 많이 있다. 내 우울함의 큰 원인 중 하나가 SNS임이 분명한데도 끊을 수 없다면, 긍정적으로 활용해보는 것은 어떨까? SNS의 긍정적인 측면은 다음과 같다.

- **연락하기 힘든 지인들과의 안부**

외국인 친구나 해외에서 살게 된 친구들과도 수월하게 안부를 주고받을 수 있다. 메일과는 다르게 부담스럽지 않으면서도 인연의 끈을 놓지 않을 수 있다는 점이 좋다.

- **나에 대한 기록**

나에 대한 기록을 실시간으로 편하게 남길 수 있다. 내가 언제 어디에 있었는지 지도에 좌표로도 넣을 수 있다, 또 서버에 그 순간의 느낌과 풍경을 업로드하는 것이기 때문에 시일이 지나도 언제든지 쉽게 예전의 생각과 추억을 꺼내올 수 있다. 아름다운 추억, 내가 성장해온 과정, 과거에 대한 생각들을 되돌아보며 나에 대해 다시 생각할 수 있는 기회가 되기도 한다. 훗날 자기소개서와 같이 과거에 일어난 일들에 대해 글을 쓰는 일이 생길 경우에 유용하기도 하다.

- **폭넓은 소통**

요즘 책의 저자나 강연자들은 홍보를 위해 SNS 활동을 활발히 하며 아이디도 공개하는 편이다. SNS를 통해 이들과 소통할 수 있다. 물론 이때에는 정중한 태도로 내가 이런 질문을 왜 하는지에 대해 상세하게 설명하며 요청해야 한다. 이들에게 직접 받는 답변은 책을 읽는 것보다도 더욱 생생한 배움이 되기도 한다.

- **유용한 정보의 바다**

개인의 일상이 아닌, 정보성 글을 올리는 계정들이 있다. 또는 일종의 뉴스레터처럼 유명 인사들이 좋은 글을 주기적으로 올리는 경우도 있다. 이런 계정들을 팔로우해두는 것도 좋다. 때로는 마음을 울리기도 하고 뜻밖의 인사이트를 얻을 수도 있기 때문이다.

이런 유용한 점들 외에 부정적인 감정을 유발하는 것들은 과감히 정리하자. 과도한 자랑으로 상대적 박탈감을 계속해서 유발하거나 우울한 글만 올려 나까지 우울에 빠지게 하는 글들 같은 경우 말이다. 시간과 감정을 소진하면서까지 꼭 봐야 할 필요가 있을까? SNS 친구들을 주기적으로 정리하는 것도 도움이 되고, 친구 관계를 유지하되 그들의 소식이 내 타임라인에 보이지 않도록 설정하는 방법도 있다. 하루에 88분이라는 시간은 결코 짧지 않다. 필요성이 느껴진다면 사용하되 비는 시간을 활용하는 다른 대안도 찾아보며 SNS에 들이는 시간을 줄여보자. 또한 꼭 사용해야 한다면 나에게 독이 되기보다는 약이 되는 시간으로 만들기 바란다.

나만의 퍼스널 브랜딩, 블로그를 시작하라

블로그는 SNS와 비슷하면서도 사뭇 다르다. 짧은 한두 줄짜리 글이 아닌, 글과 사진이 어우러져 있는 정보성 콘텐츠에 가깝다. 단순히 나의 일상과 감정을 공유하는 것을 넘어 내가 알고 있는 경험과 정보, 노하우를 공유하기에 적당한 형태인 것이다.

보통 여행을 가거나 새로운 물건 또는 맛집에 관한 정보를 찾을 때 가장 많이 찾아보는 것이 블로그다. 과도한 마케팅으로 얼룩져 있는 콘텐츠들도 많지만, 나에게 도움이 되는 생생한 경험을 얻을 수 있다는 것이 큰 장점이다. 개개인들의 경험이 사진과 글로 상세하게 잘 정리된 내용이 많아 살아 있는 정보를 얻을 수 있기 때문이다. 정보를 얻는 처지에서 더 나아가 내가 그런 정보를 공급하는 사람이 되어보는 것은 어떨까 하는 생각을 가져보자. 꼭 남에게 도움이 되지 못하더라도 나만의 포트폴리오를 만든다는 생각으로 시작해보는 것도 좋다.

블로그를 바람직하게 잘 활용해서 성공한 예로 나는 '친절한 혜강 씨'를 들고 싶다. 블로그에 파워포인트 프레젠테이션 강의를 연재하면서 블로거들 사이에서 굉장히 유명해진 이혜강 씨는 최근에 『파워포인트 for 인포그래픽』이라는 책까지 냈다. 이혜강 씨가 이 책의 머리말에 언급한 내용이 인상적이어서 소개한다.

"대학교 4학년, 나에게 남은 시간이 1년밖에 없다면 무엇을 할 것인가 생각했다. 남은 시간이 일주일, 한 달이라면 무언가를 할 필요도 없이 소중한 사람들과 함께 보내야지라고 생각하겠지만 1년이라면 이야기가 달라진다. (중략) 내가 받았던 사랑과 교육을 다른 사람에게 나누어주고 싶었다. 그렇게 해서 블로그를 통한 파워포인트 강의가 본격적으로 시작됐다. 블로그를 개설하며 처음 세웠던 모토는 '나누면서 다른 사람도 돕고 나도 성장하는 기쁨'이었다. 아직 그 모토는 변하지 않았고, 앞으로도 계속 추구할 것이다."

_ 이혜강, 『파워포인트 for 인포그래픽』 중에서

나누면서 나도 성장하는 기쁨. 이것이 블로그의 진정한 목적 아닐까? 단순한 자랑과 과시가 아니라 경험과 정보, 노하우를 공유하며 나 역시도 성장하는 것. 이렇게 이혜강 씨처럼 나의 경험과 노하우가 누군가에게 도움이 되기를 바라며 블로그를 시작한 대학생들을 종종 찾아볼 수 있다. 그들이 만든 블로그의 콘텐츠들은 한 권의 책으로 만들어지기도 하고 강연으로 이어지기도 하면서 더 많은 이들에게 도움이 되고 있으며, 그들 역시 성장의 기쁨을 맛보고 있다.

블로그는 목적은 정보의 공유에 있으므로 콘텐츠를 만들 때는 타인이 이해할 수 있도록 해야 한다. 이를 위해 고민하는 과정에서 생각이 정리된다. 어떤 사진을 쓰고, 어떻게 흐름을 구성할 것인지 고민하다 보면 정보를 정제·편집하고 콘텐츠를 작성하는 능력 또한 길러진다. 이렇게 해서 남은 정보들은 나중에 활용 가능한 나만의 강력한 포트폴리오가 되어 자신을 홍보하는 가장 강력한 매체가 되기도 한다. 타인의 블로그에 관심을 가지면서 얻게 되는 인사이트들도 많다. 꾸준히 블로깅을 하다 보면 도우면서 성장하는 기쁨도 맛보고, 좋은 기회도 맞이할 수도 있을 것이다.

나의 대학시절을 되돌아보면, 나만이 알아볼 수 있는 일기와 글들은 참 많지만 좋았던 경험과 생각들을 제대로 정리한 것이 거의 없었다. 그마저도 대부분 종이에 써둔 것이라 나중에는 필요할 때 찾아보기가 힘들었다. 그래서 대학교 4학년쯤 귀찮다는 이유로 블로그를 시작하기를 미루었던 것이 계속해서 아쉬움으로 남았다. 잘 정리하며 꾸준히 해왔다면 분명 누군가에게 도움이 되었을 수도 있고 나만의 자산도 되었을 것이기 때문이다.

그래서 입사 후부터 사내 블로그를 시작했고, 지금은 파워블로거로 활동하고 있다. 콘텐츠를 작성하면서 정리한 생각과 경험들은 몇 년이 지난 지금 종종 도움이 되고는 한다. 심지어 지금 이 책을 쓰는 와중에도 그때 정리한 생각들이 얼마나 도움이 되고 있는지 모른다.

예를 들어 책을 읽은 뒤 시간이 지나고 나면 그냥 '좋았다', '추천해주고 싶다' 같은 막연한 느낌 외에는 남는 것이 별로 없다. 하지만 블로그에 리뷰를 쓰면 단순히 '읽었다'라는 경험이 아닌 나만의 자산으로 남는다. 인상 깊은 글귀와 생각, 책에서 제시하는 방법 등을 정리하고 내 의견을 덧붙이는 과정에서 독서 자체를 넘어선 것들을 얻을 수 있기 때문이다. 사람들과 의견을 주고받으며 소통하는 통로도 되고, 다른 글을 쓰면서 쉽게 찾아 인용할 수도 있는 등 블로그는 여러 모로 도움이 된다.

블로그 역시도 처음에 습관을 들이기까지가 어렵다. 어떤 것을 써야 할지 막연하고, 쓸 거리가 정해져도 구성을 하는 데 시간이 많이 걸려 마음에 부담이 되기 때문이다. 하지만 한 번에 많은 시간을 내려 하지 말고 평소에 틈 날 때마다 나누어서 정리하고 기록하는 습관을 들인다면 그렇게 어려운 일도 아니다. 나만의 대학생활 포트폴리오를 위해 오늘부터 블로그를 시작해보는 것은 어떨까?

대외활동,
스펙이 아닌 경험과 추억을 쌓자

대외활동이란 학교 외에서의 활동을 의미하며, 그 분야는 해외탐방·기자단·홍보대사·마케터·봉사활동·국토대장정·공모전 등으로 다양하다. 기업이나 공공 기관 등에서는 홍보 및 사회공헌을 목적으로 각종 대외활동 프로그램을 운영하면서 대학생들이 참신한 아이디어와 열정을 가지고 참가하도록 독려하고 있다.

한국교육학술정보원(KERIS)의 2015년 자료에 따르면, 대학생의 평균 대외활동 경험은 4.9회인 것으로 나타났다. 2000년대 초반부터 조금씩 붐이 일었던 대외활동은 시간이 지나면서 폭발적으로 늘어났다. 이런 분위기 탓인지 2000년대 초반에는 관심 있는 사람만 참여하는 선택적인 활동으로 여겨지던 것이 요새는 졸업 전에 꼭 해봐야 하는 필수 코스처럼 인식되고 있다. 하지만 한 가지 꼭 짚고 넘어가야 할 것은 대외활동이 반드시 스펙 쌓기로 이어지는 것도 아니고, 그로 인해 취업이 훨씬 수월해지는 것도 아니라는 점이다. 대외활동에서 쌓은 역량과 경험이 성장의 계기가 되거나 자신의 스토리를 풍부하게 해줄지언정 활동을 했다는 그 사실 하나만으로 플러스가 되지는 않는 것이다. 대외활동은 셀 수도 없이 많기에 많은 사람들이 하고 있어서 변별력이 없기도 하고, 지원하는 기업의 대외활동이 아닌 이상 기업 측에서도 큰 관심을 두지 않기 때문이다. 그렇다면 대외활동을 하면서 얻을 수 있는 것은 무엇이 있을까?

대외활동으로 얻을 수 있는 것들

• 다양한 사람들과의 만남

무엇보다도 다양한 사람들과 소중한 인연을 맺으면서 시야가 넓어질 수 있다는 점을 첫째로 꼽을 수 있겠다. 전국 각지의 대학생들과 만나고 이야기를 나누며 다양한 모습과 생각을 접하는 과정에서 자극을 받을 수 있으며, 이는 영감의 원천이 되기도 한다.

• 역량 강화

대외활동 대부분은 학생들이 직접 기획하며 참여하는 경우가 많아서 평소에 생각지 못한 부분의 역량을 쌓는 계기가 되기도 한다. 예를 들어 기자단 같은 경우 기사를 쓰며 받는 트레이닝은 본인의 문장력을 기르는 데 도움이 될 것이고 취재를 통해 시야가 넓어지기도 할 것이다. 또 사람들과 어울리는 단체생활을 해보고 의견을 주고받고 어떤 목적을 가진 아이디어를 창출해 나가는 과정은 좋은 경험이 된다.

• 취업 준비에 도움

프로그램을 주관하는 곳에서는 항상 참여 학생들에게 해당 기업에 대한 소개를 꼼꼼히 하는 편이다. 따라서 막연히 이름만 알던 회사라면 그 기업에 대한 이해도가 높아져 나중에 진로를 선택할 때 도움이 될 수 있다. 그리고 대외활동에 쓰는 자기소개서와 면접은 실제 기업 채용과 유사한 부분들이 많아 취업 시 자기소개서 작성이나 면접의 예행 연습이 될 수 있다.

- **기회는 또 다른 기회를 낳는다**

대외활동을 하면서 쌓은 정보와 인맥은 또 다른 경험과 기회로 이어지기도 한다. 또 대외활동에 지원하고 참여할수록 이에 대한 노하우도 쌓여 더욱 쉽게 더 많은 활동들에 참여할 수 있다.

- **활동비 지급**

해외 탐방과 같이 활동에 경비가 필요한 경우에는 대부분 프로그램 주최 측에서 많은 지원을 해준다. 홍보대사나 마케터, 기자단과 같이 일정 기간 동안 꾸준히 활동해야 하는 대외활동의 경우에는 매월 일정 금액의 활동비를 지급한다. 아르바이트 대신 이런 대외활동을 많이 함으로써 생활비를 충당하는 경우도 간혹 있다.

대외활동 선택 및 참여 시 주의할 점

지금까지는 대외활동을 하면서 얻을 수 있는 장점들에 대해 설명했다. 그렇다면 주의할 점으로는 무엇이 있을까? 어떤 점을 고려해서 선택해야 할까?

- **내가 정말 원하는 활동인가, 나의 관심사와 맞는가**

남들이 하니까, 또는 그냥 좋아 보여서 지원하고 참여하기에는 굉장히 많은 에너지와 시간이 소비된다는 점을 염두해야 한다. 따라서 내가 정말 원하는지,

관심 분야의 활동이 맞는지 생각해보는 것이 가장 중요하다.

- **제대로 된 대외활동인가**

모두가 그런 것은 아니지만, 대외활동을 하고 싶어 하는 학생들의 심리를 이용해 '열정 페이'처럼 무리하게 많은 것을 요구하는 곳도 있다. 다른 이들의 경험담을 보면서 어떤 것들을 진행하고 어떤 혜택이 있는지 충분히 알아보고 결정하자.

- **학업과 생활에 지장을 주지 않는 수준의 활동인가**

대외활동 중에는 방학 때 진행하는 프로그램도 있지만 학기 중에만 하는 프로그램도 있고, 학기 중에 준비를 해야 방학 때 참여할 수 있는 프로그램도 있다. 따라서 학업이나 생활에 지장을 주지 않을지 따져보자. 대외활동은 대학생활에서 필수가 아니라 선택일 뿐이다. 생활을 크게 좌지우지할 정도로 많은 것을 감당해야 한다면 곤란하다.

대외활동, 어떻게 합격할 수 있나?

우선은 해당 기관과 프로그램에 대해 상세히 아는 것이 필요하다. 프로그램을 하는 목적이 무엇인지, 무엇을 하는 곳인지, 어떤 인재상을 갖고 있는지 아는 것이 첫째이기 때문이다. 그런 다음 자기소개서를 그에 맞게 준비를 한다. 가능하다면 이미 그 활동에 합격해본 사람을 찾아 피드백을 받으면 최고의 노하우를 얻을 수 있다. 대외활동에 있어 현재의 스펙은 중요하지 않다. 만약 어학이라든지 기타 필요한 스펙이 있다면 모집 공고에 해당 내용이 있을 것이다. 그렇지 않다면 크게 신경 쓰지 않아도 된다. 활동에 크게 필요하지 않으므로 요구하지 않는 것이다.

따라서 그보다는 자신의 경험·생각·가치관을 매력적으로 어필하고, 해당 프로그램의 목적에 맞게 이끌어내는 것이 중요하다. 면접에서도 많은 준비가 필요하다. 특히 이런 활동들은 대학생만의 패기, 열정, 통통 튀는 아이디어를 중시한다. 이는 프로그램별로 성격이 다르므로 해당 활동 면접의 분위기와 정보를 미리 알고 그에 맞게 준비하는 것이 좋다.

마지막으로 대외활동이 대학생활의 터닝 포인트가 된, 나의 동생 K양 이야기를 해주고 싶다. K는 집안 형편이 어려워 학교를 무사히 마치는 것 외에는 이렇다 할 꿈이 없었다. 여행도 어학연수도 다 그림의 떡이라고만 생각했다. 그러던 중 모 기업의 해외 봉사활동에 합격해 1학년 겨울방학 때 중국을 다녀왔다.

K는 봉사단에서 밝고 반짝반짝 빛나는 눈을 가진 사람들을 만났다. 혼자 힘으로 세계여행을 한 사람, 자신만의 확고한 꿈과 목표가 있는 사람들을 보면서 자극을 받은 K는 봉사활동을 다녀온 뒤 꿈이 생겼고, 그에 맞는 구체적인 목표를 세웠다. 그러고는 어려운 형편이라 불가능하게 생각했던 워킹 홀리데이, 해외 인턴, 글로벌 탐방, 여행 등 자신이 원하는 것들을 스스로 하나씩 이루어갔다. 학교도 우수한 성적으로 졸업했고, 영어와 일본어도 수준급 실력을 자랑하게 되었으며, 현재는 모 대기업의 신입 사원으로 재직 중이다. K는 지난날을 되돌아보면 불가능해 보였던 것들을 하나씩 이루어올 수 있었던 것이 신기할 뿐인데, 그렇게 할 수 있었던 가장 큰 터닝 포인트는 1학년 때 참가한 대외활동이었다고 한다.

대학생활에서 가장 중요한 것은 많은 경험을 쌓고 시야를 넓혀 향후의 인생을 잘 가꾸어나갈 수 있는 토양을 다지는 것이다. 더 넓은 세계를 보고 싶다면, 혹은 자신이 우물 안 개구리라고만 여겨진다면 대외활동을 통해 그 지평을 넓혀보는 계기를 갖기 바란다.

사회봉사, 도우면 나도 성장한다

요즘 대부분의 대학에서는 봉사활동을 교육 과정으로 정해 졸업 전까지 일정 학점 이상을 이수하도록 하고 있다. 자의든 타의든 이왕 봉사활동을 시작한다면 내가 정말로 도움을 줄 수 있는 활동을 찾아보고 했으면 한다. 그저 해야 하는 것이라고 해서 하기보다는 자신을 한층 더 성장하게 만들어주는 계기로 삼아보자. 이런 마음가짐으로 임한다면, 내가 도우려 시작했지만 내가 도리어 마음을 얻는 소중한 경험이 될 것이다.

다양한 봉사활동이 있지만 대학생이라면 그 중에서도 무언가 가르치는 활동을 해보라고 권하고 싶다. 가르치는 봉사활동은 대부분 대학생 정도면 어렵지 않게 가르칠 수 있는 수준이므로 크게 어렵지 않을뿐더러 재능을 기부하면서 성장하는 기쁨을 크게 느낄 수 있을 것이다. 지역 아동센터의 초등학생 이하의 학생들을 가르치는 활동도 있고, 야학이나 저소득층 중·고등학생들의 보충 수업을 돕는 활동도 있다. 배우고 싶었지만 더 배우지 못한 사람들, 그리고 조그만 관심에도 기뻐하는 이왕 봉사활동을 시작한다면 내가 정말로 도움을 줄 수 있는 활동을 찾아보고 했으면 한다. 그저 해야 하는 것이라고 해서 하기보다는 자신을 한층 더 성장하게 만들어주는 계기로 삼아보자. 이런 마음가짐으로 임한다면, 내가 도우려 시작했지만 내가 도리어 마음을 얻는 소중한 경험이 될 것이다.

아이들과 함께하다 보면 배우는 사람도 가르치는 사람도 치유가 되는 소중한 경험을 할 수 있을 것이다. 나의 후배 J양이 2년 반 동안 야학을 하면서 느낀 점을 인터뷰해봤다.

저는 대학교 1학년 때부터 서울 성동구의 사랑방 야학에서 약 2년간 중등부 수학 교사로 활동했어요. 처음에는 학교 게시판을 통해 별 생각 없이 시작한 봉사활동이었는데, 지금 돌아보니 제 인생에서 가장 큰 터닝 포인트가 되었던 것 같아요.

고등학생 때까지만 해도 저는 남들에 비해 잘하는 게 없는 사람이라고 생각했어요. 세상에 꼭 필요한 사람, 있어도 없어도 상관없는 사람, 없어야 하는 사람이 존재한다면 저는 있어도 없어도 상관없는 사람이었던 셈이지요. 그런데 야간학교에서 저는 인기 강사 중 한 명이 되었습니다. 수학이 다른 과목에 비해 어려운 과목임에도 출석률이 높았던 것을 보면요.

야학 저희 반에 한 어머님이 계셨는데 퇴근 후에 오는 분이시라 항상 피곤에 절어 수업 시간에 꾸벅꾸벅 조셨던 것이 기억나요. 그렇게 조는 한이 있더라도 수업은 꼬박꼬박 들으시던 분이었는데 1년 정도 저와 같이 중학교 과정을 공부한 뒤 검정고시에 합격해 중학교 졸업장을 받게 되었어요. 그분께서 하신 말씀이 아직도 기억나요.

"남편이 사고로 뇌를 다친 이후 성격이 변해서 틈만 나면 저한테 '못 배운 년!'이라고 하더라고요. 서러운 나머지 졸업장을 따야겠다고 결심하고 야학에 찾아오게 되었어요. 사실 아직 모르는 게 너무 많지만, 영어라고는 몇 단어와 몇 문장밖에 못 읽지만 길을 가다가 아는 것들이 나오면 너무 재미있어요. 더하기랑 빼기도 못 하다가 방정식을 배우니 너무 재미있어요. 제가 공부를 시작하니 남편도 변하기 시작해서 이제 제가 야학에 가기 귀찮은 날은 남편이 저를 이끌고 같이 수업을 들으러 와주네요. 공부를 시작하고 인생이 너무 즐거워졌어요. 정말 감사합니다, 선생님."

그분 생각을 하면 아직도 눈물이 납니다. 야학 교사 활동을 하며 얻은 가장 큰 깨달음은 '세상에 나를 꼭 필요로 하는 사람이 있구나' 하는 것이었어요. 약 30년을 살아오면서 이것저것 해본 것이 많지만 그 중에서도 야학 봉사 활동을 가장 소중한 경험으로 꼽는 이유는 이 경험 덕분에 자존감이라는 자양분이 제 내면에 단단히 뿌리내릴 수 있었기 때문입니다.

사람들은 대개 세상이 돌아가는 모습을 자기 기준으로 생각하고, 자신보다 더 나은 사람들을 보며 신세를 한탄하고는 한다. 하지만 자세히 들여다보면 세상에는 나보다 훨씬 어렵게 살면서 도움을 필요로 하는 사람들이 참 많다는 것을 알 수 있다. 그리고 그 중 어떤 사람들은 나의 조그만 손길로도 충분히 도울 수 있는 길이 있다. 세상을 조금이라도 더 나아지게 하려는 노력은 나를 더 나아지게 하려는 노력과 같다. 마음의 양식이 되는 봉사활동으로 나의 내면을 채우는 것은 대학생활 동안 누려볼 수 있는 뜻깊은 경험이다.

취미, 이왕 한다면 깊게 파고들자

대학생 때 같은 동아리를 했던 후배 P를 만나 물어봤다. "네가 다시 대학생으로 돌아간다면 뭘 가장 해보고 싶어?"라고. 그러자 P는 망설임 없이 "제대로 놀아봐야죠"라고 대답했다.

여기서 '제대로 논다'는 말은 술을 마시고 클럽에 가고 친구들과 지내는, 그런 시간이 아니었다. "저희 대학원에 보면 악기 연주가 취미인 애들이 있거든요. 그 친구들을 보면서 오롯이 혼자 있을 때 자기만의 시간을 제대로 가질 수 있는 게 부럽다는 생각이 들었어요. 혼자만의 시간이 생겼을 때 잠을 자거나 술을 마시는 게 아니라 진짜 자신을 마주하며 보내는 시간은 정말 필요하잖아요." 그러면서 P는 '취미'란 나에게 잘 맞는 무엇을 적극적으로 찾아 깊게 파고들어보는 것이라고 강조했다.

취미라는 것을 단순히 자기소개서에 짤막한 단어 하나로 집어넣기 위해 하는 무엇이라고 생각하지 말자. 취미는 진정한 자신을 찾고 활력을 불어넣어줄 수 있는 또 다른 방법이다. 이런 취미는 대학생 시절뿐 아니라 인생 전반에 걸쳐 삶을 풍요롭게 만들어준다.

취미 생활을 통해 얻을 수 있는 대표적인 효과는 스트레스를 해소하고 다양한 인맥을 만날 수 있다는 점을 들 수 있다. 그리고 여기에서 한 걸음 더 나아가 취미를 깊게 파고들면 나만의 역량이자 독특한 색깔이 되어 폭넓은 기회를 만나는 교두보가 될 수 있다는 점도 강조하고 싶다.

취미에 몰입하는 동안에는 잡념을 잊게 된다. 성취를 통해 얻게 되는 자신감, 자기 자신을 마주하며 깨닫게 되는 새로운 모습은 지쳐 있던 일상에 활력을 불어넣어준다. 슬럼프나 번아웃 증후군 같은 것들을 예방하는 것은 물론이고 자칫 지치고 무기력해지더라도 금세 회복할 수 있는 힘을 갖게 되는 것이다.

사람들은 대개 자신의 성격과 잘 맞고 환경이 비슷한 사람끼리 만나고는 한다. 하지만 취미를 가지면 같은 취미를 즐긴다는 공통점 단 하나만으로 다양한 사람들과 만나는 계기를 가질 수 있다. 이렇게 다양한 사람들을 만나게 되면 좀 더 다양한 이야기를 들을 수 있고, 이는 좀 더 다양하고 넓은 시야를 가질 수 있는 기회가 되기도 한다. 또한 취미 활동을 하면서 만난 소중한 관계들은 훗날 큰 도움이 되기도 한다.

게다가 취미를 깊게 파고들어 그것이 나만의 '역량'이 된다면 사회에 나가서도 새롭고 다양한 기회들을 잡는 데 도움이 될 수 있을 뿐 아니라 제2의 인생을 시작하는 계기가 되기도 한다. 물론 그렇다고 해서 인맥이나 역량 계발만을 위해 취미 활동을 고르고 선택하라는 말은 아니다.

취미

취미는 인간이 금전적 목적이 아니라 기쁨을 얻고자 하는 활동이라고 정의할 수 있다. 취미의 성질은 다음과 같다.

- 좋아하는 것에서 시작된다.
- 지속성이 있다.
- 돈벌이를 목적으로 하는 직업과 구별된다(하지만 취미가 직업이 되는 경우도 있다).

(출처: 위키백과)

취미라는 말 본래의 뜻대로 좋아하는 것에서 시작해 무언가 즐길 수 있는 것을 찾게 된다면 그때부터 깊이 파고들어보자. 때로는 취미가 영감의 원천이 되기도 하고, 더 나아가 직업이 되기도 한다. 나 역시도 취미 활동을 통해 얻은 것들이 참 많았다. 아버지와 함께 산을 다니던 추억이 그리워 산악부에 들어갔다. 매 주말마다 20킬로그램이나 되는 배낭을 메고서 산을 오르고 암벽을 등반하는 것이 쉬운 일은 아니었지만, 꾸준히 해온 취미 활동은 나만의 색깔이자 새로운 기회가 되었다.

우선 취미로 산에 다니며 자연을 마주하는 동안 마음이 치유되는 효과를 절실히 느꼈다. 스트레스가 쌓일 때마다 자연의 색이나 움직임, 웅장한 풍경과 맑은 하늘을 보는 것이 마음에 얼마나 큰 평안과 여유를 주는지 나이에 비해 비교적 일찍 깨달은 것이다.

또한 매주 그렇게 산에 가다 보니 강도 높은 운동을 꾸준히 하게 되어 체력이 무척 좋아졌다. 이렇게 좋아진 체력은 회사에 입사할 때까지 나의 중요한 자산이 되었다. 돈을 벌면서 학교를 다녀야 했던 나는 체력이 뒷받침되었기 때문에 피곤함보다는 도전의 즐거움을 생각하면서 열정적으로 살 수 있었다.

산악부 활동을 하면서 만난 사람들은 정말 다양했다. 전국 각지의 대학교마다 산악부가 있어서 연합 모임 활동도 있었다. 그뿐 아니라 위로는 59학번 선배까지도 스스럼없이 만나고 이야기를 나누면서 뜻깊은 성찰뿐 아니라 아버지의 마음으로 해주시는 격려도 받아 심적으로 큰 도움이 되었다.

생각지도 못한 좋은 기회들도 많이 잡을 수 있었다. 아프리카 최고봉 킬리만자로과 유럽 최고봉 엘부르즈를 다녀왔고, 중국·일본의 대학생들과 함께 산악 스키를 배우기도 했다. 그렇게 쌓인 특별한 경험들은 더 좋은 기회로 나를 이끌었고, 그 기회는 다시 또 다른 인연과 기회가 있는 곳으로 나를 계속 데려갔다.

산을 좋아하며 열심히 다닌다는 것은 나만의 특별한 색깔이 되었다. 그에 얽힌 스토리와 산을 타며 배운 경험들은 회사에 입사 면접을 치를 때에도, 회사를 다니고 있는 지금도 큰 도움이 되고 있다. 사람들과 처음 만날 때면 이런 취미 생활을 하고 있다는 데 호기심을 갖고 나를 대하기 때문이다. 또 산에 다니면서 느낀 점과 정보도 사람들과의 교류에 큰 힘이 되었다. 지금까지도 나는 임신과 출산, 육아를 제외한 기간에는 등반을 계속 이어오면서 자신을 마주하는 시간을 통해 삶에 대한 열정을 놓치지 않을 수 있었다.

직장인들이 대학생을 보며 가장 부러워하는 것은 바로 '시간'일 것이다. 물론 대학생들에게도 그 나름의 바쁜 생활이 있다. 나 역시도 학교를 세상에 맛있는 음식이 많더라도 맛보지 않으면 어떤 것이 정말 맛있는지 모를 수밖에 없다. 취미와 나의 재능 또한 마찬가지다. 이 시기가 지나면 여러 많은 것들을 다양하게 맛보고 깊이 음미할 수 있는 때는 여러분 인생에 다시 없을지도 모른다.

다니는 동안 항상 바쁘다고 생각했다. 그래도 평생을 사는 동안 대학생 시절처럼 자유롭게 자신이 시간을 조절하면서 보낼 수 있는 나날은 많지 않다는 것을 잘 알아두었으면 좋겠다. 대학생 시절이야말로 한 가지라도 무언가 몰두할 거리를 찾아보기에 좋은 때인 것이다.

그 한 가지를 찾을 때에는 평소 자신이 흥미를 느끼지 못했고 거리가 멀다고 여겼던 것이라도 가리지 말고 시도해보며 다양하고 폭넓게 찾아보라고 권하고 싶다. 초·중·고등학교를 거치면서 대부분의 사람들이 획일적으로 비슷한 삶을 살아온 탓인지 새로운 분야에 흥미를 가지고 도전해보려는 마음을 쉽사리 먹지 못하는 경향이 있다. 하지만 세상에 맛있는 음식이 많더라도 맛보지 않으면 어떤 것이 정말 맛있는지 모를 수밖에 없다. 취미와 나의 재능 또한 마찬가지다. 이 시기가 지나면 여러 많은 것들을 다양하게 맛보고 깊이 음미할 수 있는 때는 여러분 인생에 다시 없을지도 모른다.

여건 또한 좋다. 동아리에서 활동하면 졸업한 선배들의 지원 등을 받아 고가의 장비가 필요한 취미도 무리 없이 시도해볼 수 있기 때문이다. 각 대학마다 공통된 동아리가 있기 때문에 연합 모임 등을 통해 만나는 사람들과의 인연 또한 소중한 자산이 된다.

대학생활은 이처럼 취미를 깊게 파고들기에 최적의 여건을 다 갖춘 시기다. 이왕 할 거면 제대로 해보자. 마음이 닿는 것에 '올인' 해보며 진정한 나를 찾아보자.

함께 읽으면 좋은 책

언니의 독설 / 김미경

꽃보다 여행, 일단 어디든 떠나보자

직장인들이 대학생을 보며 부러워하는 이유 중 또 하나는 바로 여행이다. 대학생들에게 하고 싶은 조언을 물어보면 여행을 한 번이라도 더 가라는 말이 꼭 들어간다. 그들은 왜 그렇게 말하는 걸까?

직장인이 되고 보니 바쁘고 팍팍한 일상에 파묻혀 있다가 한 번씩 여행을 떠나면 그만큼 활력을 안겨주고 휴식이 되는 활동도 없는 듯하다. 하지만 이런 기회는 1년에 한두 번 갈 수 있을까 말까 하고, 그마저도 길어야 1~2주가 채 되지 않는 짧은 시간이라서 먼 곳으로의 긴 여행은 꿈꾸기 어렵다. 대학생 때는 돈이 없어 못 간다고 생각했지만, 그때는 시간과 체력은 충분했다. 상사의 눈치를 보지 않아도 되고, 돈이 없으면 벌면 된다. 돈이 조금 모자라더라도 자유롭게 돌아다닐 수 있는 젊음. 직장인들은 바로 그 시절에 그렇게 하지 못했던 것을 아쉬워하며 되도록 여행을 자주 가보라고 권유하는 것이다.

'대학생의 여행' 하면 흔히들 유럽 배낭여행을 떠올린다. 마치 '취업

9종 세트'처럼 꼭 해봐야 하는 필수 코스로 인식되어 있기도 한 유럽 배낭여행에 드는 비용은 한 달 기준으로 약 400만~500만 원 정도에 달한다. 대학생이 감당하기에 결코 적은 돈이 아니다. 물론 자신이 그 여행에 뜻이 있어서 비용을 스스로 벌 만큼 의지가 있거나 부모님에게 의지해도 집안에 큰 무리가 되지 않는 상황이라면 상관없지만, 비용을 마련하는 데 무리가 따른다면 굳이 꼭 가지 않아도 된다고 말하고 싶다. 너도나도 즐겨 찾는 유명 여행지를 다녀온 사람들을 보면 다른 이들이 좋다니까 자기도 휩쓸려 다녀왔거나 그들이 한 것을 나도 해서 좋았다고 하는 경우를 더러 볼 수 있다. 자신만의 행복한 추억을 남기고 새로운 경험을 쌓고자 다녀오는 것이라면 몰라도 그저 이력서에 추가할 한 줄 내용에 불과하다면 그 여행이 무슨 의미가 있을까?

여행은 장소도 중요하지만 누구와 함께 가느냐, 어떤 사건과 이벤트를 겪느냐에 따라 그 의미와 추억의 정도도 달라지는 것 같다. 어떤 사람들은 여행을 통해 자신이 엄청나게 달라지기를 기대하며 출발하지만 대부분은 떠나기 전 자신을 데리고 갔다가 그대로 돌아오는 경우가 더 많다. 따라서 어떤 목적을 세우고 결과를 기대하며 가기보다는 여행의 순간 그 자체를 잘 즐기고 오는 편이 낫다.

다시 못 올 곳이라는 생각 때문에, 또는 돈이 아까워서 빼곡하게 채운 스케줄을 소화하며 여권에 도장만 남기고 돌아오는 사람들도 있다. 물론 본인의 선택이지만 여행을 한다고 해서 관광 명소를 반드시 다 돌아봐야 하는 것은 아니다. 대학생이라면 유럽으로 배낭여행을 꼭 다녀와야 하고 여기에 왔으면 어디를 꼭 가봐야 하고 하는 식의 틀에 갇히기보다는 그 순간순간들을 즐기고 최대한 만끽하는 것이 좋다.

대학생 때 여행을 좋아하는 사람들이 다양한 모습으로 여행을 다니는 것을 보며 '이런 걸 좀 더 빨리 알았으면 좋았을걸' 하는 생각을 가졌던 적이 있었다. 어떤 선배 언니는 방학 때 동남아로 배낭여행을 떠났다. 나도 그 당시에는 '배낭여행은 유럽'이라는 인식을 갖고 있었기 때문에 동남아는 다소 생소하게 느껴졌다. 동남아시아 또한 인접 국가들이 육로로도 연결되어 있어 육로 이동이나 국내선 비행기 이동을 통해 여러 나라를 둘러볼 수 있다. 똑같은 기간을 갈 경우도 유럽 여행의 절반도 안 되는 비용으로 다녀올 수 있다는 장점도 있다. 또 동남아로 배낭여행을 오는 세계 각국의 청년들이 의외로 많아서 여행을 하며 만나는 외국인 친구들과의 만남도 빼놓을 수 없는 재미이기도 하다. 또 다른 선배는 일본에서 3주간 자전거 일주를 했는데, 평소 일본 문화에 관심이 많아 일본으로 여행을 가고 싶어 하다가 좀 더 저렴한 비용으로 의미 있는 시간을 보내고 싶어 자전거 일주를 선택했다고 한다.

의미 있는 국내 여행을 선택하는 학생들도 많다. 젊음의 패기로 무전여행을 시도해보는 사람도 있고, 자전거로 국토를 종주하는 사람도 있다. 자신만의 코스를 직접 기획해서 도보 여행을 하는 사람도 있다. 국내 여행은 여러 친구들과도 함께 부담 없이 떠날 수 있는 장점이 있다. 초·중·고등학교 시절을 거치다 보면 자신이 사는 곳 외의 지역을 많이 가보는 경우가 드문데 그동안 몰랐던 우리나라 곳곳을 살펴볼 수 있다는 것도 국내 여행의 매력이다.

국내 여러 곳을 둘러보고 싶다면 '내일로(www.rail-ro.com)'라는 기차 티켓을 추천한다. '내일로'는 일정 금액만 부담하면 티켓 유효기간 동안 KTX를 제외한 모든 열차의 입석과 자유석을 무제한으로 이용하는 철도 여행 상품이다. 학생들의 방학 시즌에 운영하며, 만 28세 이하만 이용할 수 있다. 저렴한 비용으로 일정 기간 동안 전국 곳곳을 갈 수 있기 때문에 교통비를 절약할 수 있다. 국내든 해외든 정보만 잘 알아보면 저렴한 비용으로도 잘 다녀올 수 있는 방법이 무척 많다. 각종 여행 애플리케이션과 커뮤니티로 정보도 얻고 일정도 짜보도록 하자.

해외 여행을 꼭 하고 싶은데 비용이 부담된다면 대외활동 중 해외 탐방 프로그램에 지원해보는 것도 하나의 방법이다. 물론 이는 온전한 여행과는 성격이 많이 다르다. 프로그램을 주최하는 측에서 짠 스케줄대로 움직여야 하고 함께하는 사람들과만 생활하기 때문에 해당 지역의 문화를 제대로 느끼기에는 부족함이 있다. 하지만 해외에 나가서 새로운 풍경을 보며 간접 체험을 할 수 있고, 다녀온 후에 여행에 대한 나만의 목적이 생길 수도 있기 때문에 추천하는 바다.

여행과 독서는 둘 다 자신을 돌아보게 한다는 점에서 같다는 말이 있다. 나에게 여행은 일상의 고민을 전부 내려놓고서 새로운 풍경과 문화를 보며 그 순간에만 집중함으로써 진짜 내 모습을 만난다는 의미가 있었다. 사람마다 여행을 통해 얻고자 하고 또 얻는 것은 다들 다르다. 너무 지나친 기대를 했다가 도리어 실망하게 될 수도 있다. 그럼에도 '왜 한 살이라도 어릴 때 떠나라고 하는 걸까'라는 질문에 대한 답을 스스로 한 번쯤 느껴보는 추억만은 놓치지 않았으면 한다.

함께 읽으면 좋은 책

엄마, 일단 가고 봅시다! / 태원준

악당은 아니지만, 지구 정복 / 안시내

내 삶을 업그레이드하는 사소한 습관들

회사 생활을 하면서 소소하지만 중요하다고 생각되는 습관들에 관해 생각할 기회가 많았다. 그 중에서도 '대학생 때 이런 것들의 중요성을 깨닫고 꾸준히 해왔더라면' 하고 좀 더 일찍 알지 못해 안타까웠던 것 몇 가지를 추려봤다.

하루에 딱 10분만 한 가지를 꾸준히 해보는 습관 들이기

어떤 것을 잘하기 위해서는 많이, 그리고 꾸준히 해보는 것이 첫 번째다. 하지만 현재의 습관들이 이미 뿌리 깊이 박혀 있는 삶 속에서 새로운 무엇을 시도한다는 것은 여간 어려운 일이 아니다. '하루에 30분 꾸준히 운동하기'를 예로 들어보자. 마음 같아서는 하루에 얼마든지 여유 시간을 낼 수 있을 것 같지만 부담이 생겨 내일로 미루거나 이내 잊어버리고 마는 것이 현실이다.

'엣지 오브 투모로우'라는 영화를 보면 외계인과의 어떤 이벤트로 인해 주인공이 매일 죽고 또 같은 하루를 살아가는데, 처음에 주인공은 당황하지만 이내 그 생활에 적응하면서 매일 훈련을 거듭해나가면서 누구보다도 뛰어난 전사로 거듭난다.

『시간의 마법–하루 10분으로 인생을 바꾼 이야기』의 저자들은 우리의 삶도 사실 저 영화와 다를 바 없다고 말한다. 매일 아침 똑같이 일어나 똑같은 버스와 지하철을 타고 똑같은 사람들을 만나다가 하루를 마무리하면 또 똑같은 하루가 시작된다는 것이다. 그렇게 똑같은 일상을 보내다가 문득 정신을 차리면 몇 년의 세월이 훌쩍 지나 있는 자신을 바라보게 된다. 대학교 3~4학년이라면 한 것도 없는데 왜 이렇게 시간이 빨리 지나갔지 하는 생각을 한 번쯤은 할 것이다. 입학이 엊그제 같은데 자신은 벌써 졸업 준비로 허덕이고 있고, 지금껏 해놓은 것은 아무것도 없는 것만 같다. 우리가 평범한 일상을 무시했기 때문에 아무것도 해놓은 것이 없다고 느끼는 것이다.

『시간의 마법』에서 주인공의 선배는 매일 똑같은 삶이 반복되는 영화를 소개하면서 이런 점을 느꼈다고 이야기한다.

"영화 속 주인공처럼 너무 민감하게 사람들을 대했던 것은 아닌지. 매사 너무 조급해하지는 않았는지. 나의 상황과 처지를 지나치게 비관하고 불평한 건 아니었는지. 진정으로 내가 하고 싶었던 것들에 대해 단지 시간이 없다는 핑계로 용기를 내지 못하고 있었던 건 아닌지. 그리고 나를 스쳐가는 사람들에게 무심하거나 무례하지는 않았는지. 그래서 인생의 진정한 즐거움인 사람들과의 만남에서 얻을 수 있는 사랑, 보람 같은 것들을 잊고 산 건 아닌지."

그러면서 미래에 하고 싶은 것을 정해 그것을 위해 할 수 있는 것을 정한 뒤 매일 10분씩 꾸준히 하라고 조언한다. 10분이면 너무 짧은 시간이 아니냐고 의아해할 수도 있다. 하지만 공부와 마찬가지로 모든 것은 '꾸준함'이 가장 중요하다. 일주일 중 하루에 몰아서 일곱 시간을 공부하는 것보다 하루에 한 시간씩 꾸준히 하는 것이 이해도 잘 되고 머릿속에 오래 남는 것처럼 말이다.

『습관의 재발견』이라는 책에서는 '팔굽혀펴기 하나 하기'라는 작은 습관이 나중에는 헬스장에 가고 꾸준히 운동하는 습관으로 이어졌으며, 이와 같이 사소한 습관들이 삶 전반을 향상시켰다고 소개한다. 아주 짧은 시간이기에 부담이 덜 되고, 그래서 '그 정도쯤이야' 하는 생각으로 무리없이 매일 해낼 수 있다는 것이다. 그러면 점점 습관으로 굳어져 결국에는 자신이 원하는 것을 달성하는 데 큰 도움을 줄 것이다.

나는 몇 년 전 누군가의 조언을 듣고 매일 10분씩 글을 쓰는 습관을 들이기 시작했다. 하지만 10분씩 글을 쓰는 것조차도 부담스럽게 느껴져 '하루에 단 10분이라도 글을 쓰거나 글감을 찾거나 어떤 글을 쓸지 구상하는 시간 갖기'로 바꾸고 습관을 들이고자 노력했다. 바쁜 날은 어떤 글을 쓸지 생각하며 주변을 관찰하기만 했고, 또 어떤 날은 메모지에 간략히 내용을 메모하기도 했으며, 시간이 있는 날에는 몇 줄 간단히 끄적이기도 했다. 이런 노력은 굉장한 효과가 있었다. 이 습관을 들인 지 3년째가 된 지금, 이제 나는 A4 용지 2~3장 분량의 글을 쓰는 데 부담감이나 두려움을 전혀 느끼지 않게 되었다. 사소한 습관 덕분에 글을 꾸준히 쓸 수 있었고, 글쓰기가 익숙해진 덕분에 좋은 기회들을 많이 잡을 수 있었다.

어떤 습관을 들이면 좋을지 잘 모르겠다면 다음과 같은 것들을 추천하고 싶다.

- **하루 10분 글쓰기**

글쓰기 실력을 늘리고 싶다면 강력히 추천한다.

- **'감사 일기' 또는 '칭찬 일기' 쓰기**

감사 일기는 내가 가진 것들을 돌아봄으로써 긍정적인 사람이 되게 해주고, 칭찬 일기는 자존감을 높이는 데 도움이 된다.

- **나에 대해 생각하는 시간 갖기, 목표 및 계획 세우기**

하루에 대한 계획도 좋고, 중장기 계획도 좋다. 하루에 단 10분이라도 미래에 대해 생각하고 버킷리스트를 작성하는 시간을 가지면 삶에 활력과 열정을 불어넣을 수 있다.

- **영어 공부하기** (간단한 예문,표현,단어 외우기)

학원에서 일주일에 한 시간씩 공부하는 것만으로는 어림없다. 하루에 단 10분이라도 오늘 있었던 일을 영어로 표현해보거나 영어에 도움이 되는 어떤 것이든 간단히 공부를 하며 감각을 꾸준히 유지하면 향후 어학 공부에도 큰 도움이 된다.

- **전공에 관련된 글 읽고 공부하기**

전공이 너무 어렵게 느껴져 흥미가 생기지 않는다면 전공 분야 중 평소 어렵게 느껴진 것들이나 하고 싶은 질문들을 적어보거나 전공에 관련된 트렌드 및 소식들을 알아보는 시간을 가져보자.

- **아침에 일어나자마자 10분간 스트레칭 하기**

건강만큼 중요한 것은 없다. 아침에 일어나자마자 하는 스트레칭은 몸의 붓기와 긴장을 풀어주고 혈액순환을 도와 맑은 정신으로 하루를 시작할 수 있게 해준다.

- **하루 10분 방 정리하기**

공간 정리는 심리적 상태, 일의 효율성과 상당히 직결되어 있다.

이상은 그저 개인적인 추천사항일 뿐이다. 자신이 미래에 달성하고 싶은 목표와 가까운 것들을 생각해보고, 그 중에서도 우선순위가 높은 단 한 가지만 선택해서 시작하면 된다.

—

함께 읽으면 좋은 책

시간의 마법 (하루 10분으로 인생을 바꾼 이야기) / 정선혜, 서영우

습관의 재발견 / 스티븐 기즈

아침 1시간 노트 / 야마모토 노리아키

평소에 정리하는 습관 들이기

어릴 때부터, 심지어 대학생이 되고 나서도 정리는 늘 귀찮게만 느껴질 뿐이었다. 그렇게 에너지를 쓰면서까지 해야 할 중요한 일이라고 생각해보지는 않았다. 하지만 입사 이후 직장을 다니고 결혼과 육아를 시작하게 되면서 정리라는 것이 얼마나 중요한지 뒤늦게 깨닫게 되었다. 특히 대학생 시절에 이런 점을 미리 알았더라면 더 많은 것들을 잘 해낼 수 있었을 텐데 하는 아쉬움이 늘 남았다.

정리를 잘 하지 않게 되면 어떻게 될까? 대학생 시절의 기억을 더듬어보면 과제 프린트물을 찾느라 시간을 허비한 적이 참 많았다. 열심히 필기한 수업 자료를 시험이 끝나고 난 뒤에 찾은 적도 있었고, 늘 옷을 사면서도 옷이 부족한 것처럼 느껴졌다. 게다가 집에서는 뭘 하려 해도 집중이 잘 되지 않았다. 널브러져 있는 잡동사니들을 보면 자꾸 딴생각이 들어서 정리하느라 시간을 보내기 일쑤였다.

집안을 정리하자 일이 잘 풀리더라는 이야기를 어느 웹툰에서 우연히 본 적이 있는데, 과학적 근거가 있다고 할 수는 없겠지만 다들 그런 경험에 대해 한 번쯤은 들었거나 듣게 될 것이다. 나 역시도 뭘 해도 안 되는 것 같은 시기에 집안 정리를 하고 나니 마음이 편해지고 상황도 좋아진 경험이 있다. 회사에서도 아침에 책상 정리를 하고서 하루를 시작하면 집중도 잘 되고 마음가짐도 새로워진다.

왜 그런 것일까? 『인생이 빛나는 정리의 마법』이라는 책에서는 시험 기간에 쓸데없이 책상만 치우다 시간을 다 보내서 정작 해야 할 공부를 하지 못한 경험에 대해 다음과 같이 이야기한다.

방은 스스로 어지럽히지 않는다. 그 방을 사용하는 자신이 어지르는 것이다. '방의 흐트러짐은 마음의 혼란'이라는 말이 있는데, 흐트러진 상태는 물리적인 것 외에 심리적으로 문제가 있다는 의미이고, 그것이 눈앞의 어수선함에 가려지는 상태다. 즉 어지르는 행위는 문제의 본질에서 눈을 돌리기 위한 인간의 방위 본능이라는 것이다. 어떤가? 뜨끔하지 않은가?

『하루 15분 정리의 힘』에서는 시간, 인맥, 공간을 정리하라고 말한다. 자신의 인생에 새롭고 좋은 것을 채우려면 그만큼의 공간을 비워야지만 가능하다. 이는 실제 물리적인 공간뿐 아니라 시간과 인간관계에 있어서도 마찬가지다. 나에게 소중한 것이 무엇인지 다시 한 번 생각하고 선별하는 것이 정리이며, 이렇게 하면 효율이 올라갈 뿐 아니라 스트레스도 줄일 수 있다.

정리하는 습관은 점점 바쁘고, 중요한 일을 맡게 될수록 더욱 빛을 발하게 된다. 똑 같은 시간과 조건이 주어졌다면, 정리하는 사람이 더욱 훌륭한 성과를 만들어 낼 수 있는 것이 자명하기 때문이다. 평소에 이런 습관을 들이고, 더 나아갈 수 있는 방법을 모색해 나간다면 이는 대학생활을 더욱 풍부하게 만들 뿐 아니라, 사회에 나가서도 크나큰 나만의 역량이 될 수 있다.

—

함께 읽으면 좋은 책

인생이 빛나는 정리의 마법 / 곤도 마리에

하루 15분 정리의 힘 / 윤선현

Yes를 부르는 '꿀 목소리'가 되기 위해 노력해보기

커뮤니케이션 이론에 나오는 '메라비언의 법칙'에 따르면 상대방으로부터 받는 이미지는 다음과 같은 요소에 영향받는데 목소리 톤이 38퍼센트, 표정 35퍼센트, 태도 20퍼센트, 언어 7퍼센트라고 한다. 시각적 요소(표정과 태도) 다음으로 첫인상을 좌우하는 것이 바로 목소리의 톤, 어조, 음색 같은 청각적 요소라는 것이다.

똑같은 내용을 전달하더라도 목소리가 어떤지에 따라 전달력도 달라진다. 아나운서들이 목소리에 힘을 주어 또박또박하게 발음을 하는 것도 전달력을 높이기 위해서다. 연기력이 좋은 유명 배우들을 보면 다들 목소리에 힘이 있다는 공통점을 발견할 수 있다.

사회생활을 하다 보면 풍부하고 안정된 성량과 톤으로 또박또박 말을 잘하는 사람들을 종종 만날 때가 있는데, 그들과 이야기를 나눠보면 대학 시절에 목소리에 대한 수업을 들었다는 경우가 많았다. 꼭 비싼 학원이 아니더라도 대학교의 프로그램을 잘 찾아보면 교양 수업이나 언론 고시반의 특강, 기타 세미나 등에서 무료 또는 저렴한 비용으로 목소리에 관한 강좌를 들을 수 있다. 또 평소에 이 분야에 관한 책을 보며 방법을 익히고 아나운서의 뉴스 진행 톤을 따라하는 것만으로도 상당한 도움이 되기도 한다. 앞으로는 뉴스를 보거나 들을 때 목소리 자체뿐 아니라 어투와 발음도 신경 써보도록 하자.

대학생에게 목소리가 왜 중요할까? 소개팅 자리나 많은 사람들 앞에서 자신을 소개해야 하는 일이 생길 수도 있고, 프레젠테이션도 있다. 또한 어떤 진로를 선택하든 면접은 피할 수 없다. 좋은 목소리, 즉 풍부한 성량과 안정된 톤과 어조로 말하는 법은 상대에게 좀 더 좋은 인상을 남기고 강한 전달력으로 Yes를 끌어내는 나만의 강력한 무기가 될 것이다.

함께 읽으면 좋은 책

목소리, 누구나 바꿀 수 있다 / 우지은

여자는 목소리로 90% 바뀐다 / 우지은

메모광이 되어보기

메모는 단순히 기억을 돕는 보조 수단이지만 생각을 확장시켜주는 훌륭한 도구이기도 하다. 아이디어는 머리를 쥐어 짜낸다고 해서 나오는 것이 아니다. 길을 걷거나 샤워를 할 때 번뜩이며 스쳐가는 경우가 많다. 이런 생각들은 휘발성이 높기 때문에 생각나는 즉시 정리를 해두어야 잊지 않고 그 생각을 계속 이어갈 수 있다. 『노트의 기술』이라는 책을 보면, 메모는 스쳐 지나가는 생각들의 실마리가 된다고 한다. 스쳐 지나가는 생각들 뒤에는 더 많은 것들이 숨겨져 있는데, 바로 메모를 통해 이런 것들을 끌어낼 수 있다는 것이다.

메모하는 습관은 일이나 공부를 하거나 자신의 미래를 설계할 때 등 여러 방면에서 도움이 된다. 글을 쓰거나 프레젠테이션을 할 때에도 틈틈이 메모를 미리 해두었다가 작업을 시작하면 실제 작성에 드는 시간을 훨씬 줄일 수 있다. 이는 메모를 통해 생각을 미리 정리했기 때문에 가능한 것이다.

일상에서 문득문득 드는 생각들, 해보고 싶은 버킷리스트, 잊고 싶지 않은 감정과 추억들, 해야 할 것들, 아이디어 등 모든 것들을 메모하는 습관을 들여보자. 특정 시간에 메모를 하기로 정하는 것보다는 늘 메모할 수 있는 여건을 마련해두고서 생각나는 즉시 하는 것이 좋다. 이렇게 메모가 습관이 되면 삶이 한층 더 정리되어 앞으로 나아가는 커다란 원동력이 될 것이다.

함께 읽으면 좋은 책

(생각 정리를 위한) 노트의 기술 / 이상혁

함께 보면 좋은 글

메모광 / 이하윤

대인관계,
나만의 중심을 잡아라

신입생이 되어 대학생활을 시작하면 겪게 되는 커다란 변화 중 하나는 사람을 만나는 폭이 전과 다르게 매우 넓어지는 것이다. 고등학교 때까지는 학교가 관계의 중심이고, 관심과 목표가 대부분 입시에 쏠려 있어 인간관계는 한정적일 수밖에 없다. 대학에 입학하면 전국 각지에서 온 다양한 연령의 사람들을 만나게 된다. 관계의 범위가 갑자기 넓어지고 많아지는 것이다. 새롭게 생기는 관계의 홍수 속에서 어떻게 대처하는 것이 바람직할까?

오픈 마인드를 가져라

대학에 와서도 고등학교 시절 친구가 너무도 소중하게 생각되어 새로운 친구를 만나는 데 있어 마음의 문을 미리 닫아버리는 사람들을 종종 볼 수 있다. 이는 너무 성급한 판단이다. 톨스토이가 말했듯이, 나에게 가장 소중한 사람은 '지금 함께하는 사람'이다. 지금 여기에서 나와 긍정적이든 부정적이든 관계를 맺고 살아가는 이들은 멀리 있는 고등학교 친구가 아니라 바로 나와 매일 마주치는 '지금'의 사람들이기 때문이다. 함께 추억을 쌓아온 친구들과의 관계는 그대로 소중하게 간직하고 이어가되 새로운 관계에 대해 미리 담을 쌓아서는 안 된다.

고등학교 때까지는 동갑내기 친구들이 대부분이다. 우리나라는 유독 인간관계를 맺을 때 나이에 예민한 편이고, 동갑이면 나이가 같다는 이유만으로 '친구'라 서슴없이 표현하기도 한다. 하지만 성인이 되고 난 이상 나이가 많든 적든 성향만 잘 맞다면 누구나 친구가 될 수 있다. 반말을 하고 이름을 부를 수 있는 관계여야만 친구인 것은 아니다. 친구란 생각과 마음을 나눌 수 있는 관계를 의미하는 것이다. 인간관계를 동갑내기 친구, 어릴 적 친구로만 미리 차단하지 말고 열린 마음을 갖는다면 여러 다양하고 좋은 인연을 만들 수 있을 것이다.

사람을 만나는 범위도 같은 과나 대학의 선후배 및 동기로만 한정할 필요도 없다. 대학생활을 하다 보면 다양한 경로로 타 전공의 학생들, 타 대학의 학생들, 졸업생, 직장인, 교수님, 교직원 등 다양한 사람들과 관계를 맺게 되기 때문이다. 다양한 분야와 연령대의 사람들을 만나 이야기를 듣고 관계를 맺다 보면 시야도 넓어지고 좋은 기회로 이어지는 훌륭한 밑거름도 다질 수 있다.

먼저 다가가라

대학에서든 사회에서든 사람들과 친해지려면 내가 먼저 다가가야 한다. 가만히 있어도 자연스럽게 친해지는 경우도 물론 있지만, 내가 호감을 가져서 친해지고 싶은 경우나 과제 등을 함께 수행해야 할 경우 등 다양한 이유들로 사람에게 먼저 다가가야 할 때가 생긴다. 어떤 이들은 사교성이 좋아 나에게 먼저 다가오기도 하지만 그렇지 않은 경우가 더 많다. 수동적으로 기다리지 말고 새로운 관계를 향해 먼저 발을 내딛는 용기가 필요하다.

선배는 '후배에게 만나자고 하면 만나기 싫은데 선배라서 억지로 시간을 내는 것은 아닐까' 해서 조심스러워하고, 후배는 '선배가 바쁘거나 선배라서 무엇을 사 줘야 한다는 생각에 부담스러워하지 않을까' 해서 먼저 다가가지 못하는 경우가 많다. 지나친 기우일 뿐이다. 그 사람이 정말로 그렇게 부담을 갖는다면 거절을 할 테니 미리 걱정할 필요는 전혀 없다. 그리고 대부분의 사람들은 자신에게 먼저 관심을 갖고 다가오는 이에게 대게 호감을 표하는 경우가 많다. 친해지고 싶고 알아가고 싶은 사람이 있다면 먼저 다가가보자.

인맥 관리가 중요한 이유

인맥 관리는 성인들의 중요한 화두 중 하나다. 사람들과의 인맥이 성공에 있어 중요하다고 하는 이유는 무엇일까?

첫째는 시야가 넓어지기 때문이다. 나와 다른 환경에서 자라온 다양한 사람들의 생각을 듣다 보면 세상에는 내가 생각했던 것보다 더 많고 넓은 길이 있다는 것을 알게 된다. 또한 그들의 생각과 삶은 실제 이야기, 내 주변의 이야기이기 때문에 어느 책이나 강연보다 더 좋은 자극제가 된다. 그들의 꿈과 비전이 나에게 새로운 영감을 주기도 한다. 혼자서

편협하게 생각해왔던 것들을 좀 더 풍부한 시각으로 바라볼 수 있는 혜안을 가져다주기 때문이다.

둘째는 많은 정보를 공유하고 얻을 수 있기 때문이다. 인터넷의 발달로 정보가 넘쳐흐르는 시대를 살고 있지만 오히려 정보가 너무 많아서 내가 놓치거나 제대로 찾지 못하는 정보들도 많은 뿐 아니라 인터넷처럼 열린 공간에서는 찾기 힘든 정보들도 여전히 존재한다. 쉬운 예를 들자면, '시험 족보'라든지 좋은 수업은 어떤 것들이 있는지에 대한 정보 같은 것들 말이다. 어느 곳에서 무엇을 하든 정보라는 것은 큰 힘이 된다.

셋째는 인맥이 또 다른 기회의 장이 되기 때문이다. 대학이나 사회에서 생활하다 보면 혼자서는 할 수 없는 일들이 종종 생긴다. 작게는 조별 과제나 공모전부터 크게는 창업이나 새롭게 해보고 싶은 나만의 프로젝트가 생겼을 때 필요한 사람을 적시에 구하는 것은 일의 성패를 좌우할 정도로 굉장히 중요하다. 그럴 때 좋은 인맥을 가지고 있다면 어렵지 않게 시작할 수 있는 것이다. 또한 이와 반대로 누군가 하고 싶은 일이 생겼을 때 나를 찾도록 하는 기회도 생길 수도 있다.

관계는 양보다 질

인맥의 중요성은 이해하지만, 그럼에도 인맥이라는 말은 어딘가 조금 불편하게 들린다. 진실하게 마음을 주고받는 친구와 같은 관계가 아니라 무언가 목적을 전제로 접근하는 비즈니스처럼 느껴지기 때문이다. 대학 시절은 사람들을 수단과 목적 없이 좀 더 순수하게 만나며 인연을 맺을 수 있는 시기다. 따라서 사람들과의 만남을 '인맥 관리'로 여기기보다는 좋은 관계와 인연을 맺기 위한 노력으로 생각하면 좋겠다.

다양한 사람들을 만나면서 얻을 수 있는 장점에 대해 앞에서 설명했지만, 사실 우리가 사람들과의 관계를 통해 얻을 수 있는 가장 큰 기쁨은 행복과 추억이다. 무언가를 함께 함으로써 더 큰 기쁨과 즐거움, 보람을 느끼는 과정이 곧 추억이 되는 것이다. 인생을 풍요롭고 건강하게 만들고자 한다면 양보다는 질을 중요하게 생각하며 관계를 맺는 것이 바람직하다.

라디오나 TV를 보다 보면 인맥 관리에 치중한 나머지 정작 소중하게 여겨야 할 가족이나 연인과의 관계를 등한시하고 있다는 사연을 듣고는 한다. 관계에 있어 진짜로 소중한 것이 무엇인지 생각해봐야 한다. 맹목적으로 수많은 관계를 맺고 거기에만 매달리다 보면 나 자신을 잃게 되거나 바로 곁에 있는 소중한 사람들을 잃을 수 있기 때문이다. 그렇게 해서 얻은 관계들이 진정으로 내 마음을 풍요롭게 해주고 다독여줄 수 있을까?

영국 옥스포드 대학의 진화생물학자 던바 교수는 사람이 친분을 유지할 수 있는 관계의 수가 최대 150명이라고 주장했다. 여기서 말하는 관계란 불쑥 술자리나 저녁 식사 약속을 해도 어색하지 않은 사이를 의미한다. 핸드폰 속에 수많은 연락처가 있는데도 정작 외롭고 누군가 필요할 때 선뜻 연락할 만한 사람이 없었던 경험이 한 번쯤은 있을 것이다. 사람을 많이 알고 지낸다고 해서 외롭지 않은 것은 아니며, 오래 함께 갈 사람이 아닌 경우도 많다.

관계를 시작하는 것도 중요하지만 유지하는 것은 더욱 중요하다. 정말로 친밀하고 소중한 관계는 무엇인지 때때로 고민해보고 정리하는 노력을 기울일 필요가 있다.

관계는 신뢰와 예의로부터

너무도 당연한 말이지만 관계를 잘 유지하기 위해서는 신뢰가 바탕이 되어야 하며 어느 정도의 예의도 필요하다. 아무리 친한 친구라 할지라도 지켜야 할 선은 있기 마련이다.

신뢰를 쌓으려면 일단 약속을 잘 지키는 것이 기본이 되어야 한다. 약속을 너무 쉽게 생각한 나머지 쉽게 정하고 또 쉽게 저버리는 사람들이 있는데, 이런 사람들은 아무리 매력적일지라도 오랜 관계를 유지하기에는 무리가 따른다. 우리나라에서 흔히 인사치레로 '언제 밥 한 번 먹자'는 말을 자주 하고는 하는데, 이것도 약속을 너무 쉽게 생각하는 예라고 할 수 있다. 지나가는 말처럼 들리는 약속일지라도 잘 지키는 사람을 보면 다시 한 번 그 사람을 보게 되면서 신뢰감이 쌓인다.

경청도 중요하다. 남의 이야기를 듣지 않고 쉴 새 없이 자신의 이야기, 고민, 자랑만 늘어놓는 사람은 만날 때마다 상대에게 피곤함을 안겨준다. 사람들은 자신의 이야기를 진지하게 들어주는 이를 좋아한다. 때로는 자신을 어필해야 할 때도 있겠지만, 관계를 잘 유지하는 사람들의 공통점 중 하나는 바로 경청하는 자세임을 명심하자.

친구들 사이에도 지켜야 할 선이 있는데 하물며 나보다 윗사람인 경우에는 더더욱 예의에 신경 쓰는 것이 좋다. 내가 아는 어느 교수님은 상담을 요청하는 학생이 메일을 '카카오톡' 보내듯이 단답형으로 주고받게 만들어 무척 신경 쓰이고 힘들었다고 토로한 적이 있다. 하루에 메일이 100통 가까이 오는데 어떠한 설명도 없이 자신의 목적만 단답형으로 작성해서 탁구를 치듯이 계속 메일을 주고받게 만들어 너무 지치고 감정도 상했다는 것이다. 이는 상대를 배려하지 못하고 예의를 갖추지 못해 생기는 일이다. 평소에 아무런 면식도 연락도 없다가 불쑥 자신이 필요한 것만 요청하는 것만큼 불쾌한 경우가 또 있을까. 상대에 대한 배려와 예의에 대해서도 항상 유념하도록 하자.

관계로 인해 생기는 상처들

사람 덕분에 행복해지기도 하지만 사람 때문에 힘들어지기도 한다. 사회생활을 하면서 가장 힘들 때가 언제냐고 물으면 '사람이 힘들 때'라고 말하는 경우가 많다. 그렇기 때문에 관계에 있어 내 마음의 중심을 잡고 올바른 관계를 맺기 위해 노력해야 한다.

어떤 사람을 만나고 나면 항상 이유 없이 기운이 빠지고 우울해질 때가 있다. 나 같은 경우에는 은연중에 자기 자랑을 너무 많이 하거나 다른 사람 험담과 세상에 대한 불평불만을 끊임없이 늘어놓는 사람을 만났을 때 그런 편이다. 그런 반면에 어떤 사람은 만나고 나면 항상 에너지를 충전한 듯한 기분이 들고는 했다. 이 사람을 알게 되어 감사하다는 마음, 열심히 살아야겠다는 다짐까지 생기는 경우도 있었다. 주로 긍정적이고 자신의 목표와 꿈이 분명한 이들을 만났을 때 그러했다.

사람을 만나면 그 기운과 감정들이 알게 모르게 많은 영향을 미치고는 한다. 이왕 시간과 감정을 들여 사람을 만나야 한다면 서로 긍정적인 영향을 주고받을 수 있는 사람을 만나는 것이 정서적으로 좋다. 내 삶을 좀 더 즐겁고 풍요롭게 만들고자 누군가를 만나는 것인데, 만나서 스트레스만 받는다면 의무적으로 반드시 만나야 하는 관계가 아닌 이상 정말 꼭 만나야 하는지 진지하게 생각해보고 정리할 필요가 있다.

때로는 과거에는 좋은 관계였어도 시간이 흐르면서, 또는 어떤 사건이 생기면서 관계가 흐트러지고 망가지는 경우도 있다. 과거의 좋았던 추억 때문에 붙잡고 싶기도 하고 마음이 아프겠지만, 이런 관계들 또한 내 마음속에서 잘 정리한 뒤 놓아줄 필요가 있다. 관계를 예전으로 회복하려는 집착은 갖지 않는 것이 좋다. 한 번 틀어진 관계는 어지간해서는 처음으로 돌아갈 수 없으며, 회복하려는 마음 또한 내 마음이 편해지기 위한 나만의 생각이나 이기심일 수 있다. 좋은 시절에 나와 함께 해준 인연에 감사하고 놓아주도록 하자.

마지막으로 강조하고 싶은 것은 누구나 모두에게서 사랑받을 수는 없다는 점이다. 누군가에게 사랑받고 싶어 그의 기대에 맞추어서만 살게 되면 언젠가는 자기 자신을 잃게 될 것이다. 그로 인한 후폭풍은 어마어마하다. 모두에게 사랑받고 싶어 하는 욕구는 낮은 자존감 때문에 생기기도 한다. 건강한 인간관계를 위해서는 자신을 믿고 사랑하는 마음 또한 뒷받침되어야 한다.

멘토에 대한 정의를 다시 내려라

멘토는 현명하고 신뢰할 수 있는 상담 상대, 지도자, 스승 등을 이르는 말이다. 살다 보면 내 생각과 힘만으로는 해결되지 않는 문제들을 종종 만난다. 이때 나보다 앞서 경험해봤거나 내가 바라는 삶을 살아가고 있는 사람들을 만나 조언을 들으면 큰 도움이 된다.

대학생활을 하는 동안 나에게 잘 맞는 훌륭한 멘토를 만날 수도 있고 그러지 못할 수도 있다. 하지만 멘토라는 개념에 대해서는 다시 생각해봤으면 한다. 반드시 나보다 경험이 많고 나이가 많은 사람만 멘토여야 한다는 법은 없다. 그리고 어느 한 사람의 조언만이 내 삶 전체의 답이 될 수는 없다.

예를 들어보자. 나는 이른바 '워킹맘'이기 때문에 직장에서 업무를 수행하는 데 있어서도 조언이 필요할 때가 있고, 육아를 하면서도 어려운 점을 해결해야 할 때가 있다. 또 이 두 가지의 균형을 잘 맞추기 위한 조언이 필요할 때도 있다. 이 세 가지에 대한 답을 모두 가지고 있는 사람을 만나기는 힘들다. 설사 그런 사람을 만난다 해도 그 사람이 100퍼센트 나의 모범 답안이 될 수는 없다. 때로는 이 사람에게 이 부분에 대한 조언을 구하고, 저 부분은 저 사람에게 조언을 구하면 되는 것이다.

훌륭한 멘토를 만나 조언을 구했더라도 그것에 너무 의지해서는 안 된다. 그 사람의 답이 '나'라는 특수한 상황에는 적용하기 어려울 수도 있고, 어차피 최종 결정은 내가 내려야 하는 것이기 때문이다. 다만 최대한 배우겠다는 열린 마음을 갖고 답을 찾고자 묻는 자세를 계속

견지한다면 나만의 답을 찾고 해결하는 데 큰 도움이 될 것이다.

대학생 시절은 순수한 마음으로 사람들을 만나고 웃을 수 있는 때다. 그렇기에 인생에서 소중한 관계가 될 사람들을 만나기에도 좋은 시기다. 때로는 상처받기도 하고, 또 그로 인해 힘들 때도 있겠지만 자신만의 중심을 잡고 현명하게 대처하면서 좋은 관계라는 인생의 자양분을 잘 다져놓기 바란다.

—

함께 읽으면 좋은 책

관계 정리가 힘이다 / 윤선현

미움받을 용기 / 고가 후미타케, 기시미 이치로

Part 4
이제는 또 다른 첫걸음을 뗄 시간이야

졸업 요건 확인은 1학년 때부터

졸업 준비는 평소에 하는 것이다. 닥쳐서 하는 것이 아니라 1학년 때부터 수강신청을 하면서 지속적으로 체크해야 한다. 학교나 전공의 특성에 따라 다르겠지만, 졸업의 가장 기본적인 조건은 '졸업학점의 이수'다. 전공/기초/교양 등 각각의 구분에 따라 이수해야 하는 학점의 기준이 학교마다 정해져 있고, 이 모두를 합친 총 학점도 충족해야 있다. 특히 기초 학점은 1학년 때 추천 과목으로 지정되어 있는 경우가 많으므로 나중에 다시 수강하겠다고 생각하지 말고 그 당시에 한 번에 제대로 이수해놓아야 나중에 별 탈이 없다.

보통 4학년은 졸업과 취업, 대학원 진학 등 졸업 이후에 대한 준비로 한창 바쁠 시기다. 따라서 대부분은 1~3학년 때 최대한 졸업에 무리가 없도록 최대 학점을 꽉 채워 이수하고, 4학년 때에는 상황에 따라 최소 학점만 신청해 수강하고는 한다. 총 학점을 충족하는 데 무리가 없더라도, 각각의 이수 구분에 따른 기준은 내가 복수전공 또는 부전공을 하는지, 편입을 했는지 등에 따라 달라질 수 있다. 또

교과 과정이 변경되면서 이수 구분이 달라지는 경우가 생기기도 하기 때문에 적어도 졸업 두 학기 전에는 4학년 때 어떤 것들을 꼭 수강해야 하는지 체크해봐야 한다. 특정 과목이 연 1회만 개강하는 경우도 있기 때문이다.

이 밖에도 전공에 따라 졸업을 하려면 작품 제출 및 전시, 프로젝트, 시험, 논문 등을 통과해야 하는 경우도 있다. 4학년이 되기 직전 학기나 방학 때 어떤 준비가 필요한지 꼼꼼히 체크해야 무리 없이 학기를 보낼 수 있다. 통과를 질질 끌다가 마지막 학기까지 졸업 준비에 매달리게 되면 많은 시간을 빼앗길 뿐 아니라 졸업에 대한 불안감으로 스트레스가 생기게 된다. 이는 졸업 이후의 삶을 준비하는 데도 큰 지장을 준다. 졸업 이후의 진로로 무엇을 선택하든 대학 이력을 넣는 곳이라면 졸업 예정자나 졸업자를 뽑는 것이기 때문에 졸업 가능 여부가 중요하다. 간혹 회사에 합격하고 난 후에 이수가 인정되지 않는 학점 문제나 논문 미통과로 졸업이 되지 않아 입사가 무효 처리되는 일이 발생하기도 한다.

마지막 학기에는 다시 한 번 졸업 요건이 충족되는지 학교의 기준에 맞추어 체크해보자. 이때 애매한 부분이 있다면 '어떻게든 되겠지' 하고 임의로 판단하면 안 된다. 반드시 과 사무실을 찾아 애매한 부분을 확실히 매듭짓고 혹시 부족한 부분을 있다면 졸업 전 계절학기를 이용하거나 다른 대체 방법을 적극적으로 찾아야 한다.

'All is well that ends well'(끝이 좋아야 다 좋다)이라는 서양 속담이 있다. 대학생활의 아름다운 마무리를 위해, 또 졸업 이후의 멋진 첫걸음을 위해 신입생 때부터 미리미리 체크하는 습관을 들이자.

진로,
항상 5년 후 내 모습을 생각하라

취업 포털사이트 '커리어'에서 직장인 1045명을 대상으로 '학창 시절 후회스러운 것'이라는 주제로 설문조사를 실시했다. 직장인들이 대학생활 중 가장 후회스럽다고 꼽은 것은 바로 '진로 설계를 구체적으로 일찍 하지 않은 것에 대한 후회'였다. 진로니 취업이니 하는 문제가 1학년들에게는 먼 미래처럼 느껴지겠지만, 사실은 1학년 때부터 긴 시간을 가지고 꾸준히 고민하는 것이 좋다. 어떤 것을 선택하느냐에 따라 어떤 준비를 해야 할지, 그 준비 기간은 얼마 정도 소요되는지 다르므로 4학년이 되어 고민을 시작하면 이미 선택의 폭이 많이 줄어들기 때문이다. 또 4학년 때 설사 그 준비를 할 수 있다 하더라도 주변에서 이미 진로를 정해 앞으로 열심히 나아가는 동기들을 보거나 이것 말고는 다른 대안이 없다고 생각했을 때 오는 결과에 대한 집착과 불안함 때문에 마음 관리가 더욱 어려워진다.

따라서 항상 자신의 5년 후 모습이 어떨지 고민하면서 방향을 정해가자. 어느 기간 동안 짧게 한 생각들은 그 기간에 일어난 일과 생각만을 베이스로 하기 때문에 협소하고 단편적일 수밖에 없다. 매년, 매 학기마다 5년 뒤 나의 모습은 구체적으로 어떨지, 어떻게 되고 싶은지 직접 생각해보고 써보고 고민하는 시간을 틈틈이 갖는 것이 좋다.

진로는 보통 전공을 기본으로 정해지는 경우가 많지만 본인의 관심사에 따라 전공과 관련 없는 직업을 택하는 경우도 꽤 있는 편이다. 따라서 교수님이나 선배들과의 대화를 통해 다양한 진로의 케이스에 대한 정보와 경험담을 많이 수집하면 나의 선택의 폭도 그만큼 넓어진다. 취업 관련 지원센터에서 진로 상담을 받을 수도 있다. 여러 사람들의 이야기를 많이 듣고 미래에 대한 고민을 꾸준히 하면서 나만의 답을 찾아 선택과 집중을 하는 것이 현명하다.

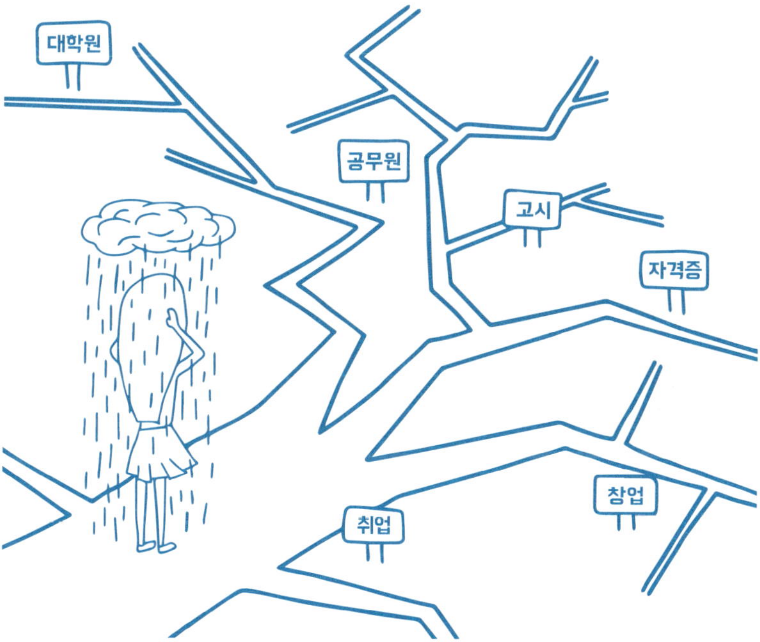

취업

일반 사기업과 공기업 등으로 나눌 수 있다. 대기업이나 중견기업의 경우 연중에 상반기와 하반기로 나누어 공채 전형을 실시하는 편이다. 이와 관련된 정보는 취업 관련 커뮤니티에서 어렵지 않게 구할 수 있다. 일정 시즌에 지원 공고가 한꺼번에 나는 경우가 많기 때문에 기본적인 것은 미리 준비해두는 것이 좋다. 혹시 면접 날짜가 겹친다면 어느 회사가 더 미래에 가능성이 있고 나와 더 맞을 것인지 깊이 고민하고 결정을 내리자. 또 이름을 처음 들어보는 작은 곳인지만 연봉과 복지가 좋은 알짜배기 기업들이 종종 있는데 이런 곳들은 주로 상시 채용 또는 추천 채용을 주로 하기 때문에 인맥에 기반해 정보를 얻는 것이 좋다.

공기업은 일반 사기업과는 별개로 취업 준비를 하는 편이다. 기업마다 채용 방식이 상이할 뿐 아니라 별도의 필기 시험을 치르기도 하기 때문이다. 2014년부터는 과도한 스펙 경쟁으로 국가적으로 불필요한 비용과 시간이 소모되는 것을 막고자 정부에서 도입한 국가직무능력표준(NCS)을 도입한 곳도 있으며, 이는 점차 더욱 확대될 전망이다. 안정적인 직장을 선호하는 세태에 따라 경쟁률이 다소 높은 편이다.

대학원

국내와 해외, 석사 과정과 석박사 통합 과정으로 나눌 수 있다. 대학원에서는 학부보다 더 세부적인 전공을 선택하는데 전공 특성에 따라 학부에서 해당 전공을 이수하지 않았더라도 지원이 가능한 경우가 있다. 종종 졸업 후 취업에 대한 회피책으로 대학원을 가는 경우가 있는데 그러기에는 기회비용이 상당하다는 점을 알아두어야 한다. 대학원의 학비는 대학보다 훨씬 비싼 편이고 2년이라는 시간이 소요되기 때문이다. 그만큼의 시간과 비용을 투자할 정도로 가치가 있을지 충분히 고민하고 선택하는 것이 좋다.

공무원 시험, 고시, 전문 자격증

좀 더 전문적인 일을 하기 위해 전공에 따라 변리사, 공인회계사 등의 자격을 취득한 뒤 해당 분야로 나가는 경우도 있다. 또 공무원 시험이나 고시를 준비하는 경우도 있다. 이런 시험의 경우 빠르면 1~2년 안에 합격하기도 하지만 평균적으로 3~4년 정도의 시간이 걸린다고들 한다. 꽤 긴 시간이 걸리기 때문에 뜻이 있다면 되도록 선택을 빨리 하는 것이 좋다. 학교에 따라 고시반을 운영하는 곳도 있어 기숙사나 장학금을 지급하고 각종 도움이 되는 프로그램을 운영하니 이를 알아보면 유용하다.

창업

2010년을 전후해 청년 창업 열풍이 불기 시작하면서 창업을 향후 진로로 생각하는 사람도 늘었다. 대부분은 대학생 때 창업을 시작해본 경우가 많다. 국가와 학교에서 청년 창업을 지원하고 컨설팅해주는 프로그램이 많기 때문에 뜻이 있다면 학생일 때 시작해보는 것도 좋다. 현재 IT 분야에서 창업을 한 동문 J와 L선배의 이야기를 들어봤다.

꿈이 없다고 해서 쉽게 좌절할 필요는 없다. 꼭 누구나 거창한 꿈을 꾸며 살아야 하는 것은 아니다. 다만 나의 미래를 위해 어떤 것이 최선의 선택인지, 내가 추구하는 가치관은 어떤 것인지 잘 알고 차근차근 앞으로 나아가는 것이 중요하다.

동문 J는 "대학생 시절에는 실패해도 도전이자 연습으로 여길 수 있지만 사회에서는 무조건 실전이다. 학생일 때 두려움 없이 도전하기 바란다"라고 말했다. 선배 L은 "성공적인 창업을 위해서는 자신의 사업에 대한 의지와 그에 맞는 좋은 사람들, 번뜩이는 사업 아이템이 중요하다"라고 말했다. 또한 누구나 생각을 한 번쯤 해보지만 실제로 해보는 경우보다는 머뭇거리는 이들을 많이 볼 수 있었다며 일단 첫걸음을 떼야 결과를 볼 수 있음을 강조했다.

이 밖에도 졸업 후 진로는 사실 무궁무진하다. 누군가는 어릴 적에 가졌던 꿈을 계속 유지해서 진로에 대한 별다른 고민 없이 그 길로 쭉 나아가는 사람도 있다. 하지만 이런 경우는 매우 드물다. 반면에 치열하게 고민하고 숙고한 끝에 어떤 결론에 도달해 '내 꿈은 이거야'라고 똑부러지게 말할 수 있는 사람 또한 드물다. 좋아하는 일보다 좀 더

안정적이고 편한 일을 선택하고는 세월이 흘러 후회하는 경우도 있다. 따라서 꿈이 없다고 해서 쉽게 좌절할 필요는 없다. 꼭 누구나 거창한 꿈을 꾸며 살아야 하는 것은 아니다. 다만 나의 미래를 위해 어떤 것이 최선의 선택인지, 내가 추구하는 가치관은 어떤 것인지 잘 알고 차근차근 앞으로 나아가는 것이 중요하다.

스펙, 자신만의 방향을 가질 것

● **스펙**

직장을 구하는 이들이 학력·학점·토익 점수 따위를 통칭할 때 흔히들 쓰는 '스펙'이라는 말은 영어 'specification'을 줄인 것이다(의미상으로는 'qualification'이 더 적절한 표현이다). 스펙은 구직자 자신의 능력을 증명할 수 있는 요소이며, 대부분의 기업들은 이를 바탕으로 입사 지원자를 평가한다.

● **취업 9종 세트**

취업을 위해 구비해야 하는 아홉 가지 스펙을 일컫는 신조어. 2014년 대통령 직속 청년위원회 '2030 정책참여단 스펙 조사팀'에서 내놓은 '취업을 위해서 쌓아야 하는 스펙 9종'과 관련이 있으며, 기존의 학벌·학점·토익·어학연수·자격증 등 5종 세트였던 것이 공모전 입상·인턴 경력·사회봉사·성형수술까지 더해져 9개로 늘어난 것이다.

(출처: 시사상식사전, pmg 지식엔진 연구소, 박문각)

취업을 목전에 두게 되면 '스펙'이나 '취업 9종 세트' 같은 말을 들어보게 될 것이다. 그렇다고 지레 겁을 먹거나 주변 분위기에 휩쓸리지는 않았으면 한다. 남들이 한다고 해서 조바심에 맹목적으로 따라하게 되면 자신만의 방향을 잃기 쉽기 때문이다. 아무리 화려한 스펙도 지원하는 곳과 관련이 없다면 무용지물이다. 회사와 지원하는 직군에 따라 요구하는 바가 다르기 때문에 자기 나름의 일관성이 있어야 한다. 일단은 공시된 기본 요건을 충족하는 것이 첫째다. 기본을 넘어서면 더욱 안정적일 수도 있다. 1학년 때부터 목숨 걸고 매달리며 안절부절못하기보다는 기본에 충실하고 나만의 경험을 하나씩 쌓는 것이 바람직하다.

취업 9종 세트라고 하는 것도 마찬가지다. 내가 그런 경험들을

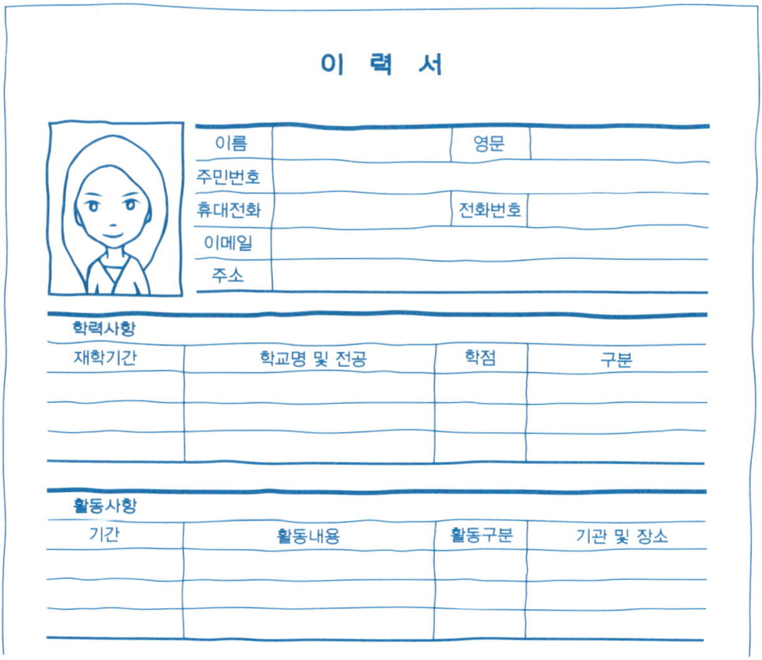

해봄으로써 얻은 역량과 생각의 변화들이 중요한 것이다. 그저 이력서에 한 줄 넣기 위한 것이라면 그다지 도움이 되지 않는다. 특히나 요즘과 같이 대외활동과 자격증이 넘쳐나는 시대에 그 한 줄이 엄청난 변별력을 갖지는 못한다. 어학연수를 다녀왔다고 해서 영어 실력이 무조건 뛰어난 것도 아니며, 공모전 수상 이력이나 자격증도 지원하는 업무와 관련이 없다면 큰 의미가 없다.

인턴 같은 경우에는 자신이 정말 입사하고 싶은 곳이라면 도움이 될 수 있다. 기업의 분위기나 정보에 대해 좀 더 알 수 있게 되고, 이는 입사를 지원할 때 어필할 수 있는 소중한 경험이 된다. 또한 전형에 따라 일반 공채보다는 간소화된 절차로 지원할 수 있는 메리트가 있는 곳도 있다. 실제 업무를 경험해볼 수 있는 스타트업 기업에서 일해본 경험도 지원하는 업무와 연관성이 있다면 도움이 되기도 한다. 이렇듯 정말 지원하고 싶고 해보고 싶은 업무라면 분명 도움이 되겠지만, 주변의 분위기에 휩쓸려 이력서에 한 줄을 추가하기 위한 것이라면 말리고 싶다.

그렇다면 취업을 위해서는 어떤 준비를 해야 할까? 우선 기본 요건들을 평소에 충족시켜놓는 것이 중요하다. 예를 들어 학점 관리는 평소에 꾸준히 신경을 써서 기본 이상을 유지하도록 하고, 외국어 같은 경우 공인 점수 기간이 2년 정도이므로 그에 맞추어 미리 해놓는다면 부담을 한결 덜고서 본격적인 취업 준비를 시작할 수 있다.

대외활동 등 그 어떤 활동을 하더라도 '스펙'을 위해서가 아니라 나의 '경험'을 위해서 하는 것이 좋다. 그래야 좀 더 나에게 맞는 활동을 찾아서 할 수 있고, 그 경험에서 진정한 의미를 이끌어낼 수 있다. 그래야만 진정한 나만의 역량이 되는 것이다. 대외활동 등을 통해 경험을 쌓게 된다면 그때의 느낌과 성찰을 틈틈이 적어 정리해두자. 취업을 준비하며 지난날들을 되돌아볼 때 큰 도움이 될 것이다.

주변 분위기에 휩쓸려 주객이 전도되면 안 된다. 중심을 잡고서 짐작하게 나만의 것들을 하나씩 쌓아가다가 때가 되면 취업을 준비하자. 스토리가 스펙을 이긴다는 어느 책의 제목처럼 나만의 스토리를 탄탄하게 완성해나가면 되는 것이다.

자기소개서는 스토리텔링으로

자기소개서는 여러 모로 중요하다. 취업뿐 아니라 각종 공모전, 대외활동에서도 필요할 뿐 아니라 면접에 임할 때도 자기 자신에 대한 답을 내는 데 지표가 될 수 있는 글이기 때문이다.

대외활동 지원 등의 이유로 일찍이 1~2학년 때부터 자기소개서를 준비해본 이도 있을 것이고, 4학년 취업 시즌이 되어서야 처음 써보는 이도 있을 것이다. 본격적인 취업 시즌을 목전에 두고 급하게 작성하기보다는 꼭 대외활동에 참여하고 싶은 마음이 없더라도 지원해보면서 2~3학년 때 자기소개서를 몇 번은 써보라고 권하고 싶다. 여러 기업에서 주관하는 대외활동에서 지원자를 뽑을 때도 해당 기업의 인재상에 맞는 사람을 선호하므로 신입 사원을 뽑는 것과 근본적으로는 크게 다르지 않기 때문이다.

자기소개서에는 자신이 지금껏 어떻게 살아왔는지 잘 정리되어 있어야 한다. 그러려면 뒤늦게 3~5년쯤 지나서 과거를 돌아보려 하지 말고 대학 입학 시점부터 자신에게 인상적인 사건들, 가치관을 바꾸게 된 기념비적인 일들을 한곳에 꾸준히 기록하고 정리해야 한다. 당장 그 순간에는 기억이 몇 년 지나고 나서도 선명하게 남을 것 같지만, 감정과 생각이라는 것은 시간이 지날수록 모호해지고 희미해지기 때문에 되도록 그 일이 일어난 즉시, 어떤 생각을 한 지 얼마 되지 않았을 때 기록으로 남겨놓는 것이 좋다.

만약 이런 기록이 없다면 일단은 자신의 대학생활 동안 있었던 굵직한 이벤트들을 천천히 시간을 들여 정리해보자. 아무래도 굵직굵직한 일들은 생각이 더 잘 날 것이고, 그런 일들을 적어놓고서 틈나는 대로 들여다보면 거기에서 파생되는 기억과 생각의 조각들이 떠오를 것이다. 이렇게 하면 며칠에 걸쳐 자신만의 히스토리를 어느 정도 정리할 수 있을 것이다.

내 경험의 의미와 가치 찾기

히스토리가 정리되고 나면, 그 각각의 사건들에서 내가 얻은 의미와 가치들을 정리해보자. 예를 들어 나 같은 경우에는 23세 때 휴학을 하고 동생의 학업을 뒷바라지한 일과 킬리만자로를 다녀온 것이 굵직한 사건이었다. 동생의 학업을 뒷바라지한 일은 아버지가 계시지 않은 가정의 장녀로서 가진 책임감과 희생심, 강한 생활력을 보여줄 수 있다고 생각했다. 킬리만자로 등정에서는 아프리카의 가난을 직접 겪으면서 피부로 느꼈던 실감, 다들 내가 정상에 오르지 못할 것이라 했지만 결국 등정에 성공함으로써 얻었던 자신감, 성공의 경험 이후로 다른 목표들에 대해서도 갖게 된 치열한 도전 의식 등을 포인트로 집어냈다.

특별한 이벤트를 억지로 꼭 만들어낼 필요는 없다. 일상에서도 얼마든지 의미와 생각들을 이끌어낼 수 있기 때문이다. 조별 과제를 하면서도 무언가를 느낄 수 있고, 아르바이트나 여행 등 어떤 경험에서든지 충분히 사색하고 유심히 관찰하다 보면 그 경험을 통해 얻은 의미들을 길어 올릴 수 있다. 이런 생각들은 짧은 시간에 정리되지 않는다. 키워드를 중심으로 꾸준히 메모를 해나가면서 정리하도록 하자.

나의 장점과 단점은?

그 다음 과정은 장점과 단점을 정리하는 것이다. 장점 같은 경우 그 장점이 너무 극단까지 이르면 단점이 될 수도 있다. 예를 들어 누군가 추진력이 지나칠 경우에는 독선적이라고 느껴질 수 있으며, 또 누군가 꼼꼼함이 지나칠 경우에는 일의 진행이 더뎌 추진력이 떨어진다고 여겨질 수 있다. 따라서 장점에 대해서는 자신의 여러 장점들 중 두세 가지만 꼽고서 너무 지나치지 않게 서술하는 것이 좋다. 두세 가지의 장점을 여러 자기소개서에 줄곧 쓰라는 말이 아니다. 여러 가지를 정리해두고 지원하는 기업의 인재상에 최대한 가까운 것을 뽑아서 쓰는 것이 좋다.

단점은 솔직하게 밝히되 이를 극복하고자 어떤 노력을 하고 있는지 또는 이 단점을 다른 장점으로 어떻게 커버했는지에 대해 쓰는 것이 좋다. 너무 지나치게 자신을 깎아내릴 필요는 없다. 과거와 현재의 자신을 잘 파악하고 있음을, 장점과 단점을 조화시킴으로써 미래에는 더 나은 사람이 되고자 어떤 노력을 기울이고 있음을 보여주는 것이 중요하다.

내가 지원하는 곳에서 원하는 사람은 어떤 사람인가

앞에서 다룬 내용은 자기소개서를 쓰기 전에 기본적으로 자신을 파악하고 정리하기 위한 준비 사항들이다. 기업마다 추구하는 철학과 원하는 인재상이 조금씩 다르고, 자기소개서의 형식과 질문 또한 천차만별이다. 하지만 지원자가 어떤 사람인지 알기 위해 자기소개서를 받는 것이라는 전제는 변하지 않기 때문에 자신의 삶의 자취와 생각을 끊임없이 정리해나가는 것이 첫째로 할 일인 것이다.

그 다음으로는 내가 지원하고 싶은 곳에서는 어떤 사람을 원하는지 파악해야 한다. 자기소개서를 쓰는 것은 지원하는 곳에 프러포즈를 하는 것과 같다고들 말한다. 나는 예전 TV 사극 '선덕여왕' 중 '미실'의 대사, "사람을 얻으려면 그 사람이 원하는 것을 해주어야 한다"라는 말을 소개하고 싶다. 자기소개서를 작성하는 내가 원하는 것은 '합격'이다. '합격'을 얻으려면 그 합격의 기준, 지원하는 곳이 원하는 인재상이 무엇인지 잘 파악하고 내가 가진 것들 중 그 기준에 부합하는 요소들을 보여주어야 한다.

인재상에 관해 알아보는 방법은 다음과 같다. 우선은 해당 기관 및 기업의 공식 홈페이지에 들어가보는 것이다. 거기에는 그 기관 또는 기업이 추구하는 인재상과 비전 등이 상세히 담겨 있다. 두 번째 방법으로는 그곳에 합격한 사람에게 물어보는 것이다. 합격자의 자기소개서를 참고할 수 있다면 더욱 좋다. 그 회사는 어떤 분위기인지, 면접은 어떻게 봤는지, 자기소개서는 이렇게 썼는지 물어보면 도움이 된다. 하지만 그저 베끼려고 해서는 아무 소용이 없다는 것도 알아야 한다. 그 사람의 개인적인 경험과 성격, 성장 과정 등은 내 것이 될 수 없으므로 느낌이나 뉘앙스 등만 참고해 그에 맞추어 자신을 표현하는 것이 좋다. 나의 어떤 장점과 경험을 어필하면 좋을지 아는 것만으로도 큰 도움이 될 것이다.

스토리텔링 형식으로 쓰기

자기소개서를 처음 쓰는 사람들이 흔히 저지르는 실수는 너무 직설적으로 부자연스럽게 표현하거나 뻔한 이야기를 한다는 것이다. 예를 들어 2남 1녀 중 장남으로 태어나 평범한 가정에서 자랐다거나 어릴 적부터 지금까지 자라온 과정을 일일이 나열하는 소개서는 읽는 사람을 지루하게 만든다. 어떻게 하면 흡입력 있게 나를 매력적으로 표현할 수 있을지 생각해야 한다. 꼭 시간순으로 연대기를 쓰듯 소개서를 쓸 필요는 없다. 자기소개서의 특징상 짧은 글 속에서 자신을 표현해야 하므로 굵직한 사건들에 대해 자세히 말하듯이 맛깔스럽게 쓰는 것이 좋다.

무언가를 이야기할 때에는 근거가 있어야 함을 유념하자. 기업이 바라는 인재상이 '글로벌 리더'라고 해서 '저는 글로벌 인재에 적합한 사람입니다'라고 직접적으로 언급할 필요는 없다. 오히려 이런 경우에는 무슨 근거로 자신이 글로벌 인재로서 적합하다고 하는지 알 수 없어 고개를 갸우뚱할 수밖에 없다. 여행을 하면서 다양한 문화에 대해 열린 생각을 갖게 된 계기라든가 외국인 친구들을 사귀면서 느꼈던 생각, 문화의 차이를 극복한 구체적인 사례를 풀어나가는 것이 좋다. 즉 경험과 생각을 바탕으로 근거를 제시하는 내용이어야만 읽는 이로 하여금 자연스럽게 인재상에 부합된다는 생각이 들도록 할 수 있다.

소제목 붙이기

기업의 인사 담당자 입장에서 수많은 지원자들의 자기소개서를 일일이 꼼꼼하게 읽어보기는 쉽지 않을 것이다. 면접과 마찬가지로 자기소개서에서도 첫인상을 잘 잡아놓으면 읽는 이의 눈을 사로잡을 수 있다. 첫 문장이 아마도 가장 큰 역할을 할 것이다. 더불어 각각의 내용에 이를 잘 표현할 수 있는 소제목을 달아놓는다면 읽는 이가 좀 더 쉽게 자기소개서를 파악할 수 있어 구체적 내용도 더 오래 기억에 남을 것이다.

신문 기사의 조회수나 서적의 판매량 등도 그 제목이 엄청난 영향을 미친다. 마찬가지로 자기소개서의 소제목들도 한 번쯤 더 눈길을 주게끔 눈에 잘 들어오고 읽어보고 싶은 욕구가 들도록 쓰는 것이 좋다. 그렇다고 해서 무조건 자극적으로 쓰라는 말은 아니다. 자신의 경험과 생각을 잘 표현하면서도 그 기업에서 원하는 바(인재상, 비전)가 느껴지도록 쓸 수 있다면 더욱 좋을 것이다.

앞서 글쓰기와 관련해서도 언급했지만, 같은 내용이라도 읽는 이의 마음을 사로잡으려면 깔끔하고 흡인력 있는 문체가 중요하다. 문장의 기본적인 구조와 문법이 흔들리면 아무리 내용이 훌륭해도 좋은 인상을 주기 어렵다. 취업을 목전에 두고서야 급하게 글을 잘 써보려고 하면 이미 늦는다. 평소에 좋은 글을 많이 접하고 자신의 생각을 정리한 뒤 많이 써보는 것이 좋은 자기소개서를 만드는 길이다.

면접 준비는 기본기부터 천천히

면접은 토론/실무/영어 등 회사의 특성에 따라 그 종류가 다양하지만, 사람의 됨됨이·비전·가치관 등을 보는 인성면접은 거의 모든 회사에서 공통적으로 실시하고 있다. 면접의 종류와 상관없이 기본 바탕이 되는 것은 자세, 말투, 목소리 등이다. 따라서 어느 회사의 면접을 보든 기본기부터 익히는 것이 중요하다.

취업센터와 취업 스터디

면접을 위한기본기는 혼자 준비하는 것보다 주변의 도움을 받거나 함께 준비하는 것이 좋다. 자신의 현재 상태에 대한 객관적인 피드백이 필요하기 때문이다. 각 대학마다 있는 취업센터의 프로그램을 이용하거나 취업 및 면접을 준비하는 스터디를 구성해서 준비하자.

취업센터에서는 기업과 연계해 취업캠프, 컨설팅 등 다양한 프로그램을 운영한다. 이런 프로그램들에는 기업의 인사 담당자들이 참여하기 때문에 실제 면접과 유사한 상황에서 객관적인 평가를 받아볼 수 있다는 장점이 있다.

취업 스터디는 교내에서 학생 커뮤니티를 통해 참여하거나 만드는 경우와 취업과 관련된 교외 인터넷 카페에서 모집해서 운영하는 경우로 나눌 수 있다. 대부분은 인터넷을 통해 스터디를 구하고는 하는데, 나는 교내에서 찾는 것을 추천하고 싶다. 그 이유는 학교 안에서 모임을 진행하는 것이 장소 대여도 용이하고 접근성이 좋아 멤버들의 참여율을 높일 수 있기 때문이다. 스터디는 대개 지원하고자 하는 회사의 모집 시기에 맞추어 만들어지는데, 경험한 바에 따르면 지원하는 회사와 전공이 다르더라도 크게 상관은 없다. 오히려 서로 다른 학과의 학생들이 모이면 다양한 시각으로 보게 되는 장점도 있고, 앞서 말했듯이 기본기를 익히는 데 있어 학과와 지원 회사는 크게 중요하지 않기 때문이다. 하나의 회사만 지원하는 것도 아니고 회사마다 특성이 다 다르기 때문에 스터디에서는 면접의 기본기를 익히는 데 치중하고, 각 회사에 따른 세부적인 사항들은 개인적으로 준비하기를 추천한다.

취업 스터디는 프레젠테이션과 자기소개 연습, 그리고 서로 지원자와 면접관으로 역할을 나누어 직접 해보는 모의 면접을 기본으로 진행된다. 부가적으로 좀 더 역량을 다지고 싶다면 영어로 사회 이슈에 관해 생각을 나누는 시간, 주제를 정해 토론을 하는 시간 등 다양하게 프로그램을 짜서 운영하면 좋다.

특히 모의 면접을 진행할 때는 각 면접자의 동영상을 촬영해 본인에게 전달해주는 것이 좋다. 말로만 피드백을 듣는 것보다 자신의 모습을 보면서 다른 사람의 눈에 비친 모습은 어떠한지, 어떤 점을 고쳐야 할지 객관적인 시각으로 바라보면 큰 도움이 된다.

첫인상

취업 포털 사이트 '사람인'에서 기업 인사 담당자를 대상으로 '신입 채용 면접 시 첫인상 판단에 소요되는 시간'을 조사한 결과, 평균 3.7분이 걸리는 것으로 나타났다. '들어오자 마자' 첫인상을 판단한다는 응답도 14.1퍼센트로 꽤 높은 비중을 차지했다. 또한 이렇게 파악된 첫인상은 면접이 끝날 때까지 유지된다고 답한 응답자가 85.5퍼센트에 달했다. 그만큼 첫인상은 중요하다.

좋은 첫인상을 남기기 위한 외적 요소로는 단정한 복장, 바른 태도와 자세, 걸음걸이 등을 들 수 있다. 밝은 표정과 맑고 또렷한 눈빛 또한 상대에게 좋은 인상을 심는 데 큰 역할을 한다. 일상 속의 우리는 생각보다 더욱 무표정한 모습으로 지낸다. 면접 연습을 하다 보면 밝게 웃는 인상으로 30분 가까이 있는 것이 얼마나 우안면 근육을 고통스럽게 하는지 느낄 수 있을 것이다. 너무도 당연한 말이지만 평소에도 밝은 표정으로, 살짝 미소를 띤 인상으로 지내는 것이 좋다. 면접 때에 이르러 반짝 억지로 웃는 것은 부자연스러워 보일뿐더러 말을 하면서도 표정에 신경을 쓰느라 집중이 잘 되지 않기 때문이다.

목소리와 말투

앞에서도 소개한 메라비언의 법칙에 따르면, 첫인상을 결정하는 데 목소리와 말투가 38퍼센트의 비중을 차지한다고 한다. 외모가 아무리 준수하고 호감형이어도 올바르지 않은 단어를 쓰거나 목소리가 거슬리면 첫인상이 나빠진다.

목소리에서 신경 써야 할 부분은 톤과 성량, 말하는 속도다. 이를 개선하려면 평소에 자신이 말하는 것을 직접 녹음해서 들어봐야 한다. 스터디 등을 통해 나의 말투와 목소리가 어떤 느낌을 주는지 객관적인 피드백을 받고서 고치기 위해 노력하는 것도 좋다. 말을 하면서 '쩝' 소리를 내거나 당황했을 때 '음……' 하며 자기도 모르는 버릇이 나오기도 하는데, 이런 것들을 주의해서 고치면 도움이 된다.

자신의 생각과 가치관은 어떠한가

인성면접의 첫째는 자기소개다. 보통 자기소개를 바탕으로 질문과 응답이 이루어지기 때문이다. 따라서 자기소개에서는 자신의 생각과 색깔이 표현되어야 하며, 이에 더해 예상치 못한 질문이 나왔을 때 당황하지 않고 답변할 수 있는 스킬이 필요하다. 이를 향상시키는 가장 좋은 방법은 다양한 기출 면접 질문들에 대한 답변을 직접 타이핑해보는 것이다. 머릿속에서는 금방 답할 수 있을 것만 같은 질문도 막상 실제로 말로 하려다 보면 말문이 막히는 경우가 있다. 이는 머릿속에 제대로 된 흐름, 단어와 어미에 대한 정리가 잘 되어 있지 않기 때문이다. 모호한 생각을 말로 옮기려다 보니 실수를 하는 것이다.

따라서 꼭 지원하는 회사뿐 아니라 여러 회사의 인성면접 기출 문제를 추려 그에 대한 답변을 30~60초 분량으로 작성해보도록 하자. 이때 주의할 점은 답변은 내 말투에 맞게 구어체로 작성해야 한다는 것이다. 실제로 소리 내어 읽었을 때 어색하지 않아야 하기 때문이다. 면접의 격식에 어긋나지 않는 선에서 자신이 평소에 쓰는 어휘와 말투에 맞게 작성한 뒤 여러 번 읽어서 입에 익도록 하는 것이 좋다.

이렇게 질문에 대한 답변을 문서로 작성하다 보면 자신이 어떤 가치관과 생각을 가지고 있는지도 잘 정리되기 때문에 돌발적인 질문에도 당황하지 않고 차분히 대답할 수 있다. 게다가 한 번 거르고 정리한 말이기 때문에 말문이 막히면서 '음……'과 같은 소리를 내며 시간을 끌거나 하는 불필요한 버릇을 줄이는 데도 효과적이다.

지원하고자 하는 회사에 대한 준비는?

기관 및 기업에 대한 관심도도 면접에서 상당히 중요한 항목이다. 지원하려는 곳이 어떤 비전과 인재상을 가지고 있는지, 어떤 사업을 하는지에 대한 기본적인 지식뿐 아니라 향후 자신이 그 조직 안에서 어떻게 성장하고 싶은지에 대한 커리어 패스 관련 지식까지 챙겨두는 것이 좋다.

회사에 대해 가장 잘 알 수 있는 방법은 해당 회사의 공식 홈페이지에 들어가보는 것이다. 주요 기업 소개란을 보면 비전과 인재상, 사업 영역 등이 간결하게 잘 정리되어 있다. 더 나아가 회사의 홍보/PR 게시판을 읽으면 상당히 많은 도움이 된다. 면접 시점으로부터 6~12개월치의 소식을 프린트해서 틈나는 대로 읽으면 회사에 대한 이해가 훨씬 깊어지고 면접에서도 잘 활용할 수 있는 유용한 정보가 된다.

실무 및 영어면접 같은 경우에는 회사마다 상이한 기준을 가지고 있고 문제 경향 및 평가 기준이 다르기 때문에 딱 한 마디로 조언하기는 어렵다. 합격한 선배들의 후기를 중심으로 지원하는 곳의 특성에 맞게 본인이 정보를 수집해 준비하는 것이 기본이다.

면접 준비는 평소에 틈틈이

면접에 임하다 보면 평소의 말투와 표정, 자세, 생각들이 가감 없이 튀어나올 수 있다. 따라서 서류 합격을 확인한 후 면접일에 맞추어 촉박하게 준비하지 말고, 본격적인 취업 준비를 시작하기 전부터 꾸준히 말투 등을 가다듬어두는 것이 좋다. 말하는 습관이나 목소리는 단기간에 좋아지기 힘들기 때문이다.

자신의 생각과 가치관을 정리하고 회사에 대한 정보를 수집하는 것 또한 마찬가지다. 벼락치기로 시험을 준비하면 시험을 보고 난 뒤 공부한 내용을 새카맣게 잊어버리듯, 급한 마음에 단기간 내에 너무 많은 정보를 집어넣으려 하면 역효과를 불러일으킬 수 있다. 틈틈이 시간이 될 때마다 정리하고 메모하며 천천히 준비하도록 하자.

결과에 대한 집착보다는 최선을 다하자는 마음으로

면접을 볼 때 긴장하는 이유 중 하나는 '결과에 대한 집착' 때문이다. 이것이 아니면 안 된다는, 반드시 합격해야 한다는 생각이 초조함과 압박감을 불러일으킨다. 지나치게 긴장하면 면접을 망칠 수 있다. 무슨 일을 하든지 결과에 두려움은 누구에게나 있다. 이럴 때에는 '내가 최선을 다했으니 결과는 어찌되어도 좋다'는 식의 담담한 마음가짐으로 오직 그 면접의 순간에 최대한의 능력을 발휘하는 것이 중요하다.

고등학교 입시, 대학교 입시를 경험하면서 아버지와 대화를 나눈 적이 있다. 누구나 그렇겠지만, 시험을 치르고 결과를 기다리는 시간은 피가 마르는 듯한 순간들이었다. 몇 번의 경험을 거치자 나만의 '촉'이라는 것이 생겼다. 결과를 기다릴 때 느긋하고 별다른 관심을 갖지 않으면 대부분 좋은 결과가 나오고, '안 되면 어떻게 하나' 하는 생각만 가득해 불안할 때는 대부분 나쁜 결과가 나왔던 것이다. 이런 이야기를 듣고 아버지는 "그건 너의 예지력 때문이라기보다는 최선을 다했는지 다하지 못했는지에 따라 결과에 미련이 있거나 없기 때문인 것 같구나"라고 말씀하시며 '진인사대천명(盡人事待天命)'이라는 말을 알려주셨다.

시간이 흘러 더 많은 합격과 불합격을 경험하자 그 말씀이 더욱 와 닿았다. 최선을 다한 경우에는 일이 잘 되지 않더라도 내 잘못이라기보다는 인연이 아니거나 운이 없어서 그럴 뿐이라는 생각이 들었다. 결과가 좋지 않을 때에는 나 스스로 이미 느끼고 있었다. 그에 대해 충분히 준비하지 못했다는 것을 말이다. 그 후로는 어떤 것을 잘하고 싶을 때면 그저 최선을 다하자는 마음과 함께 '결과는 될 대로 되라지'라는 생각으로 오직 그 과정의 순간에만 몰두하게 되었다. 그렇게 하면 초조함이나 긴장감이 진정되고는 했다.

결과에 대한 집착은 준비를 시작하는 시점부터 잠시 내려놓자. 오직 내가 할 일은 나중에 후회나 미련이 남지 않도록 순간에 최선을 다하는 것뿐이다.

졸업,
끝이자 또 다른 시작

수능이 끝나면 이제 다 끝인 줄 알았다. 하지만 대학에 와서도 공부는 꾸준히 해야 했고, 입시보다도 더한 취업이라는 중압감에 시달려야 했다. 직장에서도 마찬가지다. 해야 할 것은 여전히 많고, 현실은 팍팍할 뿐이다. 드라마 '미생'에서 오상식 과장은 "최선은 학교 다닐 때나 대우받는 거고, 직장은 결과로만 대접받는 거야"라고 말한다. 자율성은 줄어들고 책임감은 늘어난다. 학생 때는 용납되던 일로도 직장에서는 냉혹한 평가를 받는다. 학교처럼 입학과 졸업이 3~6년 단위로 정해져 있지도 않다. 이제는 언제 끝날 줄 모르는 사회생활이 시작되는 것이다.

그렇다고 현실이 너무 팍팍하기만 한 것은 아니다. 내 한몫을 온전히 하게 되면서 나와 내 가족을 부양할 수 있는 능력이 생긴다는 것도 정말 멋진 일이고, 대학생이라서 하지 못했던 것들을 해볼 수 있는 것도 참 좋다는 생각이 들 때가 있다. 사회생활을 시작할 무렵에는 설렘과 열정이 가득하다. 회사의 나이 지긋한 선배들은 신입 사원들의 이런 열정과 패기를 부러워한다. 오직 신입 사원만이 가질 수 있는 원동력이자

특권이기 때문이다.

항상 유념하기 바란다. 모든 것의 끝은 다른 것의 시작이라는 것을, 그리고 인생은 마라톤이라는 것을 말이다. 내가 수능 입시를 치른 지도 10년이 훌쩍 지났다. 당시 공부를 잘했던 친구는 평범한 직장인이 되어 있기도 하고, 입시를 망쳐 힘들어하던 친구는 창업으로 성공해 주변 친구들 중에서 가장 돈을 잘 버는 사람이 되어 있기도 하다. 10년만 지나도 알 수 있다. 그 당시의 잘 되고 못 되고가 일생을 판가름하지 않는다는 것을 말이다. 엎치락뒤치락 계속 변화하며 성장하는 것이다. 그래서 다들 인생을 마라톤에 비유하나 보다. 지금 당장의 시작이 빛난다고 해서 너무 자만할 필요도 없고, 시작이 미약하다고 해서 기죽을 필요도 없다. 중요한 것은 다시 한 번 인생의 방향과 속도를 조절하는 시점이 왔다 생각하고 꾸준히 멈추지 않고 나아가는 것이다.

20대에 밑거름을 잘 다져놓으면 사회에 나가서도 버팀목이 되어준다. 누군가는 20대를 소중히 여기지 않아 후폭풍을 맞기도 한다. 그래서 사람들이 20대의 중요성을 그토록 강조하는 것이다. 길다면 길고 짧다면 짧은 시간. 아마도 대부분은 말 그대로 '눈 깜짝할 새'에 대학생활이 지나갔다고 생각하게 될 것이다. 어떻게 보냈든 이미 시간은 흘렀고, 이제는 새로운 시작을 앞두고 있기에 뒤를 돌아볼 필요는 없다. 이제부터 다시 시작하면 되기 때문이다.

드라마 '미생'의 의미 없는 바둑돌은 없다는 말처럼, 20대의 시간도 의미 없는 시간은 없다. 실패를 했든 헛되이 시간을 보냈든 그마다 다 의미가 있다. 지금의 나는 과거의 내가 보낸 모든 시간들의 총합이기 때문이다.

자, 이제 또 다른 시작이다. 새로운 도화지를 꺼내 다시 색을 입힐 시간이 다가왔다. 어떻게 살아가며 어떤 그림을 그릴 것인가? 하나씩 하나씩, 그렇게 다시 시작해보자.

—

함께 읽으면 좋은 책

스물아홉 생일, 1년 후 죽기로 결심했다 / 하야마 아마리

에필로그

남들이 보기에는 평범해 보이는 것조차도 그것을 해내려면 나는 다른 친구들보다 두세 걸음을 더 뛰어야 했다. 이 세상을 살아오면서 내 한 몸 부지하는 일이 이토록 어렵고 무서운 일인지 몰랐다. 그렇게 앞이 캄캄하기만 했던, 하지만 꿈 많던 새내기는 어느덧 세월이 흘러 두 아이를 둔 워킹맘이 되었다. 지금은 평범한 직장인이자 엄마일 뿐이지만, 그때를 돌이켜보면 지금의 이 평범한 삶조차도 기적처럼 느껴질 때가 종종 있다.

사회생활 6년차에 접어들면서 점점 대학생의 물이 빠졌다. 그사이 엄마가 되면서 나의 자아도 많이 내려놓게 되었다. 사회생활을 하는 동안 지치고 용기와 자신감을 잃을 때도 많았다. 나 자신에 대해 깊이 생각해볼 겨를도 없이 바쁘게 살아온 나날들이었다. 그러다가 이 책을 쓰게 되면서 나에 대해 다시 생각하게 되었다. 에너지와 열정이 다시 끓어올랐다. 스무 살 청춘에 가졌던 용기와 열정들이 오늘의 나를 만들었고, 그 힘이 아직도 사라지지 않은 채 내 안에 조금은 남아 있다고 생각하니 앞으로도 그때처럼 무엇이든 할 수 있을 것 같은 마음이 들었다.

책을 내는 것은 졸업 때쯤부터 늘 꿈꾸어온 일이었다. 대학교 3~4학년으로 접어들 즈음 나는 여러 후배들의 고민 상담을 받아주고는 했다. 나의 어려웠던 점을 부끄러움 없이 알려주고, 그로부터 얻은 것들을 이야기해주기도 했다. 그들의 고민을 진지하게 듣고 내 경험을 바탕으로 진심 어린 조언을 전한 뒤 그들로부터 정말 도움이 되었다는 말을 들을 때면 그렇게 좋을 수가 없었다. 내 경험과 이야기가 누군가에게 도움이 된다는 것이 정말 기쁜 일이라는 것을 그때 처음 깨달은 것 같다. 그래서 더 많은 사람들에게 도움을 줄 수 있는 책을 쓰고 싶다는 꿈도 생겼던 것이다.

부족하나마 최대한 폭넓게 다양한 내용을 담아보고자 고민하고 노력했다. 학생들에게 정말 도움이 되는 책을 만들고 싶었다. 내가 학생 시절에 실제로 했던 고민과 경험들을 담았고, 주변의 수많은 졸업생들을 인터뷰했다. 대학생들의 인터넷 커뮤니티에 들어가 그들이 요새 하는 고민은 무엇인지 살펴보며 여러 고민들에 일일이 댓글을 남기기도 했다. 대학생활에 관한 인터뷰를 하는 동안에는 본인들의 20대 시절로 잠시 되돌아간 듯한 졸업생들의 모습도 지켜봤다. 다들 가벼운 질문에도 한 번 더 진지하게 천천히 생각하고서 답변을 주었고, 누군가는 나처럼 그때의 힘과 열정을 다시 추억하며 마음을 다잡기도 했다. 그런 과정에서 사람들의 눈빛이 변하는 것을 지켜봤던 순간들이 잊히지 않는다. 그만큼 대부분의 사람들에게 20대 시절에 가졌던 열정과 꿈은 소중한 의미로 남아 있다는 것을, 사회생활을 아무리 오래 해도 그 잔향은 여전하다는 것을 느낄 수 있었다.

졸업 후에 책을 쓰고 싶다는 꿈은 당장 실현되지는 않았지만 꾸준히 그런 기회와 인연이 닿을 수 있는 활동을 해왔다. 그러다 마침내 기회가 왔고, 나는 준비가 된 상태였기에 바로 그 기회를 붙잡을 수 있었다. 이처럼 꿈을 잊지 않고 계속 품으면 어떤 모습으로든 나에게 돌아온다는 것을 다시 한 번 깨닫게 되었다. 꿈은 오랜 시간 후에 먼 길을 돌아 천천히 다가오기도 하고, 비슷한 모습 혹은 다른 모습으로 나에게 멋지게 다가오기도 하는 것이다.

막상 꿈이 실현되자 그때부터는 꿈이 아닌 현실이 되었다. 책을 쓴다는 것은 멋진 일이라고만 생각해왔는데, 현실이 되고 나니 그리 녹록지만은 않았다. 상상했던 것처럼 여유롭게 커피를 마시며 노트북으로 타닥타닥 막힘 없이 써 내려가는 그런 모습과는 거리가 멀었기 때문이다. 내 머릿속에 있는 이야기를 어떻게 끄집어내야 할지, 시간은 어떻게 확보해야 할지, 어떤 내용을 담아야 더 유익할지, 과연 완성을 할 수는 있을지 막막하고 고민스러웠다. 쉴 때도 휴가를 갔을 때도 책에 대한 걱정은 머릿속을 떠나지 않았고, 집으로 돌아와 노트북 앞에 앉아 글을 쓸 때면 자꾸만 아이가 달려와 놀아달라고 칭얼대기도 했다. 그럴 때마다 내 꿈 때문에 가족들을 더 살뜰히 보살피지 못하고 있는 것은 아닌가 하는 생각이 머릿속을 떠나지 않아 괴롭기도 했다.

그럼에도 이 책을 쓰겠다고 했을 때 정말 잘된 일이라며 마음속 깊이 응원해주고 끝까지 지지해준 남편, 아버지가 돌아가시고서 힘들게 사셨고 지금은 아이를 돌봐주시며 내 꿈을 지지해주신 어머니, 철없고 어린 엄마를 만나 좌충우돌하면서도 예쁘게 커준 우리 첫째, 글을 쓰는 동안 배 속에서 잘 버텨준 둘째 아이에게 무한한 감사와 사랑을 표하고 싶다. 가족들 덕분에 이렇게 또 하나의 꿈을 무사히 실현할 수 있었다.

마지막으로 대학생활의 시작을 앞두고서 가슴 설레고 있을 청춘들이 꿈을 꾸기를 멈추지 않고 그 꿈들을 하나씩 실현해나가는 멋진 시간을 쌓아가기를 바라며 다음의 글귀로 응원을 전해본다.

당신은 모든 시작을 앞에 두고 있는 사람입니다. 그렇기에 나는 내가 할 수 있는 한 당신에게 이런 부탁을 드리고 싶습니다. 그것은 다름 아니라 당신의 가슴속에 풀리지 않은 채로 있는 문제들에 대해서 인내심을 갖고 대하라는 것과 그 문제 자체를 굳게 닫힌 방이나 지극히 낯선 말로 적힌 책처럼 사랑하려고 노력하라는 것입니다. 당장 해답을 구하려 들지 마십시오. 아무리 노력해도 당신은 그 해답을 구하지 못할 것입니다. 왜냐하면 당신은 아직 그 해답을 직접 체험하지 못했기 때문입니다. 이제부터 당신의 궁금한 문제들을 직접 몸으로 살아보십시오. 그러면 먼 어느 날 자신도 모르게 자신이 해답 속에 들어와 살고 있음을 깨닫게 될 것입니다.

_ 라이너 마리아 릴케, 『젊은 시인에게 보내는 편지』 중에서

김지현 한양대학교 공과대학 컴퓨터전공을 졸업했다. 대학교 1학년 때 아버지가 그리워 가입한 산악부가 인생의 터닝포인트가 되었다. 산악부 활동을 하며 2007년에 아프리카 최고봉 킬리만자로(5895미터)를 등정했고, 2008년에는 유럽 최고봉 엘부르즈(5642미터)를 등반했다. 한국산악회 주관 한중일 대학생 산악스키교류등반대의 일원으로 참가하기도 했다. 그 밖에도 해피무브 2기, 한국장학재단 홍보대사 등으로 활동했으며, 2009년에는 한양대학교에서 주최한 '리더십 실천사례 대회'에서 최우수상을 수상했다. 현재는 삼성SDS에 재직 중이며, 삼성 그룹의 임직원 기자단 및 파워블로거로 활동하고 있다.

대학생활 멘토링 — 두근두근 신입생을 위한 대학생활 로드맵

펴낸날 2015년 11월 30일 초판 1쇄
지은이 김지현 ● **펴낸이** 이영무
펴낸곳 사곰 ● **출판등록** 제4-7호(1972.2.29)
주소 서울 성동구 왕십리로 222 ● **전화** 02.2220.1432-4 ● **팩스** 02.2220.1435
홈페이지 press.hanyang.ac.kr ● **이메일** presshy@hanyang.ac.kr

정가는 뒤표지에 있습니다.
잘못된 책은 구입하신 곳에서 교환해드립니다.

사곰은 '새김[刻]'과 '해석[釋]'을 뜻하는 중세 국어 '사굠'을 변형하여
한양대학교출판부가 만든 출판 브랜드입니다.

이 도서의 국립중앙도서관 출판예정도서목록(CIP)은
서지정보유통지원시스템 홈페이지(http://seoji.nl.go.kr)와
국가자료공동목록시스템(http://www.nl.go.kr/kolisnet)에서 이용하실 수 있습니다.
CIP제어번호: CIP2015030616

ISBN 978.89.7218.475.1 (03370)